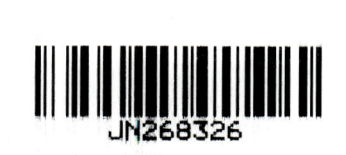

1冊の本が宝島

はじめてのアニマシオン

岩辺 泰史

＋

まなび探偵団
アニマシオンクラブ

柏書房

目　　次

序　読書へのアニマシオンとまなび探偵団

Ⅰ　読書へのアニマシオン

《絵本でアニマシオン》

⑦ この子はだあれ？ ★『14ひきのあさごはん』を宝島 ……………34
登場人物について簡単な説明が書かれたカードを読んで，それが誰のことなのか見つけるゲーム

⑧ まいご犬探偵団 ★『ぼくのいぬがまいごです！』を宝島 …………38
ことばもわからない見知らぬ町で迷子になった犬をどうやって探し出したか？　その謎を探偵するゲーム

⑨ 役にたつおまじないは？ ★『ちょっとまって』を宝島 …………42
用意したリボンやことばのカードが物語のなかでどんな役割をしたかを推理する

⑩ これ，きみの役だよ ★『にんげんごっこ』を宝島 ……………46
お話に出てきたものの絵から，その持ち主（役割）を当てていく。登場する人物（動物）の特徴をつかむ

⑪ よしいいものができるぞ／どんどんふえてゆくよ ★『おじいさんならできる』を宝島 ……………………………………………………50
繰り返しのことばを楽しみながら，物語の展開にしたがって出てきた順にさし絵カードを並べ換える

⑫ ヤモの村に出かけよう ★『せかいいちうつくしいぼくのむら』を宝島 ………………………………………………………………54
質問カードをもとに登場人物の世界に入り込むゲーム

⑬ この本の世界を語り合おう ★『スーホの白い馬』を宝島 ………58
本を読んで感じたこと，考えたことを語る力を引き出すゲーム

⑭ 新タイトル決定！ ★『モチモチの木』を宝島 ………………62
読んだ本に新しいタイトルを創る

《物語でアニマシオン》

⑮ 全校〇×ゲーム大会 ★『ハリー・ポッターと賢者の石』を宝島 …66
ご存知の〇×ゲーム。やさしい問題からだんだんむずかしい問題に変えていく

⑯ **13の扉** ★『注文の多い料理店』を宝島 …………………………70
バラバラになった扉のことばを物語の順にもどす

⑰ **ここで，ひとこと** ★ まんが『紙の砦』を宝島…………………73
せりふひとつで微妙に変わる登場人物の気持ちを創作

⑱ **二人三脚でGO！／この色が好き** ★『海のいのち』を宝島……77
物語の文章とさし絵を組み合わせなおし，順序通りに並べなおすゲーム

⑲ **きみもホンヤク家** ★『月夜のみみずく』を宝島 ………………80
物語のなかの音や声を自分のことばで表してみる

⑳ **ダウトをさがせ／この人いたかな？／ことばは語る** ★『走れメロス』を宝島 ………………………………………………………84
音読を聞きながら読み違った部分を正しく直す／この人はいたかな，いなかったかな／場面や人物の心情を説明する

㉑ **ひと味ちがう** ★ 小説『鼓くらべ』を宝島………………………88
作家のことば選びを再体験するゲーム

《詩集でアニマシオン》

㉒ **あてっこ詩／出会えてよかったね** ★ こやま峰子詩集『ぴかぴかコンパス』を宝島 ……………………………………………………92
詩の標題または一部を隠して，そこにうまくあてはまることばを相談する

㉓ **ぼくらのパフォーマンス！** ★ 1冊の詩集が小劇場 ……………96
チームを組んで，体全体でまるごと楽しむ。1冊の詩集が小劇場

㉔ **ほねホネうた** ★『ひょっこりひょうたん島』を宝島 ……………101
お話づくりとリスニング

《写真集でアニマシオン》

㉕ アフガニスタンってどんな色？ ★『子どもたちのアフガニスタン』・『ワタネ・マン』を宝島 ……104
写真の一部を隠し，隠された写真から想像し，考えを出し合うゲーム。アフガニスタンの色にこだわってみた

㉖ アマゾンの伝言 ★『人間が好き』を宝島 ……107
アマゾンに生きる先住民の伝言を写真を見ながら想像していくゲーム

《俳句でアニマシオン》

㉗ 俳句ドッキング・名句メイキング／わんにゃん語俳句作り ★「日本の俳句」を宝島 ……111
分けた俳句を組み合わせたり，俳句の上の句・中の句を見てその続きを考えたり，わんにゃん語（どうぶつ語）で俳句を作るゲーム

《古典でアニマシオン》

㉘ ぼくらは語り部 ★『竹取物語』を宝島 ……116
絵巻物の絵を見て，物語のなかのどの場面かを見分け，場面に関連する人物やできごとについて物語っていくゲーム

㉙ 演じてみよう名場面 ★『平家物語』を宝島 ……121
語り物の文学『平家物語』を読んで場面を想像し，人物や武具に工夫を凝らして演じて表現するゲーム

㉚ 歌人のつぶやき ★『万葉・古今・新古今』を宝島 ……124
和歌の中から１首を選び，歌人の心の中を探る。それを歌人のつぶやきとして文章で表現し，その場面の絵につぶやきを書き入れることで，場面をより具体的にイメージする

《説明文・科学読み物・ノンフィクションでアニマシオン》

㉛ 実況中継をしよう ★『ぼくが宇宙をとんだわけ』を宝島 ……128
毛利さんが飛んだ宇宙への旅。その様子を，自分のことばで，わくわくしながら実況中継する

㉜ ヒントで予想しよう ★『ダンゴムシ』を宝島……132
お話のおもしろいところや大切なところをピックアップして，そこのヒントをいくつか用意し，答えを予想するゲーム

㉝ ひみつに近づく数のなぞ ★『おっぱい，ふしぎいっぱい』を宝島…137
説明文に出てくるある数の違いを，さし絵や写真も注意深く見ながら読み取り，話の核心に迫っていくプロローグのようなゲーム

㉞ 説明文でクイズ大作戦 ★『魚を育てる森』を宝島……141
チーム対抗で文章中から問題を出し合う，みんなで行うクイズゲーム大会

㉟ ほんものはだれだ？ ★「国・漢・英和辞典」を宝島 ……145
辞書を探偵。わかりにくい単語を選んで正解とうそを三択クイズにして出題し，みんなで考えるゲーム

㊱ ことばではらいっぱい ★「国語辞典の食べ物」を宝島 ……149
いったいこの食べ物なんなんだ！　といいながら説明を読み上げ，意味を考えながら英知を結集してその食べ物をあてるゲーム

㊲ 漢字の部首から詩をつくろう ★「漢和辞典」を宝島 ……153
同じ部首に並んでいる漢字を使って，詩を書いてみるゲーム。部首の意味と同じようなイメージが出てくるだろうか

II　アニマシオン発展編

㊳ ぼくらはファンタジスタ！ ……158

㊴ タバコのアニマシオン ……165

㊵ 道徳の授業でアニマシオン ……169

序

読書へのアニマシオンとまなび探偵団

1　読書へのアニマシオン

アニマ（anima）は魂・生命です。アニマシオン（animacion）は，その魂・生命に息を吹き込み，生き生きと躍動させることです（増山均「アニマシオンとは何か」『読書で遊ぼうアニマシオン』柏書房）。

いま，学校へ，図書館へ，毎日あなたの前に現れる子どもたちの顔は元気にあふれているでしょうか？　どうもそうではないと思います。いや，子どもだけではなく，日本の大人たち，日本全体に元気がないといわれますね。どうしたら，もっと元気な顔に出会うことができるのでしょう？

それには，なぜ学ぶの？　なぜ，生きるの？　本なんかちっともおもしろいと思わない，という問いに答えなければならないのでしょう。日本でも広く高校生世代に読まれた『ソフィーの世界』（J・ゴルデル著，池田香代子訳，NHK 出版）は，17 歳の少女が「あなたはだれ？」「この世界はどこからきたの？」という問いの答えを求める旅でした。

読書は本来はこういう「内面の問い」に答えていく営みであると言えます。日本の子どもたちはその問いに正面から向き合うことを避け，「おしつけられた生活」に追われていると思っているのではないでしょうか？

本との出会い，授業の切り口，教室の空気を少し変えてみることが求められていると，私たちは考えています。「読書へのアニマシオン」はそのきっかけを提供しています。

ヨーロッパでも同じように，子どもや若者の読書離れ，学習からの逃避が深刻な問題となっています。「読書へのアニマシオン」は，その解決策の一つとして研究されてきたものです。スペインのジャーナリスト，M・M・サルト氏が著した『読書へのアニマシオン75の作戦』（柏書房）はその成果をまとめたものです。私たちはこれに啓発されて，日本の子どもたちに有効なあり方を工夫してきました。

「読書へのアニマシオン」という一つの固定した手法があるのではありません。読書啓発の一角を占めるものですが，手法・切り口はさまざまにあり，子どもや作品の実際によってたえず工夫され開発され，変更されていくものと考えています。ですから，読者のみなさんは，ここに紹介した手法を一つの提案と受け止め，さらに工夫して「わたしのアニマシオン」を開発されるよう期待しています。

本書の書名には「1冊の本が宝島」とあります。1冊の本には作者が創りあげたわくわくどきどきする世界が待っています。宝島から宝を持ち帰る冒険のように本の世界を探検し，それぞれの宝を発見できるような読書活動の実現という私たちの願いを表しています。

2　ちょっと，アニマシオン！

アニマシオンは，読書への誘《いざな》いです。遊びごころで，友だちと，一つの本を楽しもうという協同読書です。本の世界をおもしろそうだなあとおもってくれれば成功です。ちょっとした準備で，気軽にできるゲームから入ってみましょう。

①ダウトをさがせ！

ここに，『おむすび　ころりん』（よだじゅんいち 文／わたなべさぶろう 絵，偕成社）があります。大好きな日本むかし話です。

「今日は，2回読むよ。1回目はじっと聞いていてね」と言ってゆっくりと読みましょう。今は，はじめの部分だけをやってみます。

「むかし，あるところに，おじいさんと　おばあさんが　いました。あるひのこと，おじいさんは，やまへ　たきぎを　とりに　でかけました。おばあさんは，うちで　せんたくを　しました。
　おじいさんは，やまで，とんとん　たきぎを　きりました。
　とんとん　とんとん　きっているうちに，おひるに　なりました。
『どうれ，おべんとうに　しようかな』……」
「全部読みました。それでは，こんどは2回目です。わたしはちょっと疲れたので間違えるかもしれません。そうしたら，『ダウト！』と言って，手を挙げてください。そして，どこが間違えたか言ってください。できたら，それではなぜいけないのか，教えてね」
と，言って，2回目をゆっくり読みます。
「きのう……」
『ダウト！　きのうじゃない。もっとずっとむかしだよ』
「そうっだったね。むかし，水元町におじいさんと……」
『ダウト！　この町じゃないよ。知らないところだよ。どこか「あるところ」だよ』
　こんな具合です。2回目は全文を繰り返す必要はないでしょう。ここぞと思う中心場面を取りあげるほうが盛り上がります。今は，例として書き出しを取りあげましたが，間違える箇所はあまり多くないほうがいいでしょう。ここに注目させたいという部分を取りあげることで，登場人物の特徴や脇役の振るまいに注意を喚起することができます。留意点は，かならず前もって間違い部分を決め，書き込みしておくこと，その場の思いつきでやらないようにすることです。それから，あまり「教育的」にならないことです。だれでも気がつくような，「おじいさん」と「おばあさん」をとりかえるとか，「おむすび」を「サンドイッチ」ととりかえるなど，ワッと手のあがるような「まちがい」も用意しておきましょう。

②ここに　いるよ！

　かわいいゲームです。参加者の人数によって，登場人物がたくさんいるものを選ぶといいでしょう。『くらやみのかみさま』（長谷川知子　文・絵，新日本出版社）は，山里に住む少年の暗闇への不安をとらえ，里のすばらしさをも描いた絵本です。今日の参加者は20人弱としましょう。

◈準備

まず，B５半分ほどの大きさの厚紙に，登場人物を描いていきます。「ぼく」「おかあさん」「おねえちゃん」，ほかに「ともだち」「おばけ」や「やまのともだち」がいますね。大たぬき，子たぬき，のらねこ，いぬ，うさぎ，ねずみ，りす。「おねえちゃんのともだち」「ぼくのともだち」４人，「おばけ」「コンビニの店員さん」「外ですわっているおにいちゃん」２人，これで18枚です。おばけは１枚よりも何枚かあったほうがおもしろいでしょう。「くわがた」や「かぶとむし」も文の中で出てきます。カードに割り箸などで棒を付けましょう。小さなプラカードになります。

これを裏返して入り口に並べておきます。入るときに，１本ずつ取ってもらいます。

「これから，私が読んでいくときに，お話の中や絵の中で，自分の絵の人や動物などが出てきたら，『ここに　います！』と言って，カードをあげてくださいね」

そう言って，ゆっくりと読んでいきます。「ぼく」はずっと出てきます。「おねえちゃん」も何度も出てきます。１回しか出てこないものもあります。ですから，「また，やってね」と，同じ作品を何度も要求されることでしょう。

準備はちょっと大変ですが，仲間で用意すれば「財産」が増えて，楽しみです。物語に自分も参加していくようで，大きい子でも楽しいゲームです。

③これ，だれのもの？

赤羽末吉さんのすてきな絵がいざなう名作『スーホの白い馬』

（大塚勇三再話，福音館書店）を読んだとしましょう。

◈準備

画用紙に，登場人物の「服装」や「持ち物」を描いておきます。ここでは，スーホの頭の帽子（巻き付けている布），馬頭琴，王様の帽子，家来の帽子，家来の持つ鞭，馬の鞍，弓矢，スーホが馬頭琴を作るときのナイフ，深い革靴など。

「これから，私が絵を見せます。それは，物語の中でだれのものだったのか，どんなときに使ったのか，教えてね」

と言って，アトランダムに１枚を引き抜いて，見せます。

なんでも「スーホのものだ」と言っていれば当たると思っている子もいます。「靴」の絵を見せますと，「スーホのだ」という声があがりました。しかし，別の子が言いました。「ちがうよ。スーホはくつははいていないんだよ。まずしいひつじかいなんだから！」

みんな，はっとして，絵本をじっと見返しました。その通りです。スーホはずっとはだしだったのです。痛められた悔しさがそんななかにも伝わってきます。

物の絵だけでなく，ことばを書き出してもおもしろいです。

「どっかりと」「からだじゅう，あせでびっしょりぬれていました」「わたしは，けいばにきたのです」「走って，走って，走りつづけて」など。

「今度は，このことばは，だれの，どんなときのものか，教えてね」と言って，１枚を取り出して読み上げます。もう一生懸命教えてくれます。こんなによく聞いていたのかと思うほどです。

さて本書では，このほかたくさんのゲームを紹介しています。

そうそう，「ゲーム」ということばを使いましたが，アニマシオンの本でも「作戦」「手法」など，いろいろな言い方があります。それは，日本でまだアニマシオンが定着していないため，共通の理解に至っていないためです。それに，日本の教育用語，読書用語を振り返ってみますと，「楽しむ」「遊ぶ」「協同する」「探偵をする」を統括するようなふさわしい用語が思い当たらないのです。これは，日本の教育がそれだけ「固い」「授ける」「躾る」ものであったからだと思います。その息苦しさに，今日の子どもや若者は抵抗しているともいえるのではないでしょうか。

3　さあ，深呼吸をひとつ

　後藤竜二作『12 歳たちの伝説』（新日本出版社）は，崩壊した 6 年生の学級が新しい先生とともに再生を模索していく過程を描いています。6 年 1 組は 5 年生の 1 学期から崩壊し，新担任も次々と投げ出して，もはや「パニック学級」と呼ばれています。そこに新卒の森みどり先生（子どもの付けたあだ名がゴリちゃん）がやってきます。そのはじめの国語の授業をこう始めます。

「詩の授業をはじめます」と書くと，「死ぬ授業をはじめまーす」とまぜっ返すのがいる。ゴリちゃんは無視して，詩を書いていく。

たんぽぽ

川崎洋

たんぽぽが
たくさん飛んでいく
ひとつひとつ
みんな［　　　］があるんだ

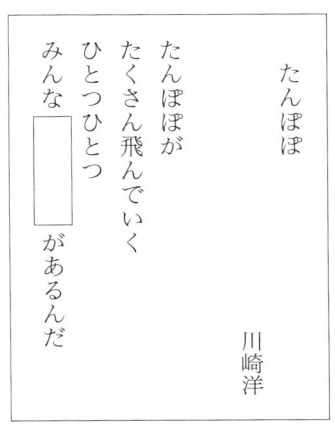

こう書いて，

「□の中のことばは，なんだと思いますか？」

と聞いた。

わーわーする声の中からも，

「命」「種」「夢」「仕事」「希望」……。

あてられもしないのに，みんなが次々と発言した。

「あ，いいな」とか，「すごーい」と言いながら，そのことばを黒板に書いていった。

それから，「この詩は，こんなふうに続きます」と言って，板書した。

> おーい、たぽんぽ
> おーい、ぽぽんた
> おーい、ぽんたぽ
> おーい、ぽたぽん
> 川におちるな

すると，「正解は，名前」という声がでる。ゴリちゃんは，「みんな，詩人ですね」と言って，ピンセットで綿毛を一本一本つまんで，「はい，命」とか，「はい，希望」とか言いながら一人ひとりに配っていった。……

その光景を，孤立してもう登校したくないぎりぎりの女の子の目からこう描いています。

「たんぽぽの綿毛一本一本を，風にとばされないようにそっと両手で受け取るみんなの仕草と表情は，別人のようにやさしかった。
(ほんとは，みんな，やさしいのかな……)
……（中略）わたし，一瞬，人間たちを信じられるような気分になって，その日一日，しあわせだった」

これは，私たちが目指しているアニマシオンによる「子どもとの出会い直し」をよく表してくれています。正面からの論議を避けるものではありませんが，少し切り口を変えることで，教室の空気をかきまわし，活性化させることもあるものです。

アニマシオンには「呼吸をする」という原点的な意味もあります。岩川直樹氏はこう指摘します（『感情の abc』草土文化）。

「子どもや若者の息の浅さがいたるところで報告されている。幼稚園から大学まで，どこへ行っても『息が浅くなった』ということばを聞く。息そのものは注意深くしていなければ察知できないとしても，息とともに出されるはずの声のはずみのまずしさや響きのせまさは，子どもや若者と長年かかわってきた多くの人が口をそろえて指摘する現象である。

息をひそめ，声を殺しているからだ。……息の深浅は，人との交わりや世界と出会い，その経験の仕方の深さや浅さそのものとしてある」

そして，岩川氏は，「身近なだれかに生き生きとしてほしいと願う人が，はじめにすべき動作のひとつは，まず自分自身が深呼吸をひとつしてみることなのだと思う」と，呼びかけています。

さあ，わたしたちもひとつ，大きな深呼吸をして，子どもたちの前に立つことにしましょう。

4　読書へのアニマシオン

読書は本来，一人ひとりの内面を豊かにする営みです。しかし，同時に１冊の本を読んで，その物語世界を仲間に発信したり，共有しようとすることも，読書の醍醐味です。これまで，読書への啓発活動では，語りや読み聞かせ，ブックトークが中心でした。最近は，国語学習で「伝えあう力」が大切にされるようになって，読書郵便や「本の帯」，おすすめポスターづくりなど，多様な活動が取り入れられるようになりました。

読書へのアニマシオンは，一つの本を読み合って，その物語の森を仲間とともに歩き回るように，ゲーム的手法を取り入れることによって楽しみ，「本って，おもしろいなあ！」という心地よい体験をさせ，読書の喜びを広げる試みです。

この数年で，アニマシオン研究も広がってきました。その中で，私たちの「まなび探偵団アニマシオンクラブ」のコンセプトは，４点です。

４つのコンセプト

① 遊ぶ

② 協同する

③ 探偵する

④ １冊の本をまるごと楽しむ

読書は，本に向かって静かに読んで過ごすということだけではありません。一つの本をどのように友人と分かち合って読むか。読みながら討論したり，先を推理し合う。読み終わって，クイズを作ってたたかい，物語の世界を確かめたり，読み方の違いに気づき，深め合っていく。

そのためには，「正しい読み方」があるのではありません。さまざまな読み方があり，それを「楽しむ」ということが大切にされなければならないと思います。〈**遊ぶ**〉ということは，読書への「かたさ」を解きほぐそうということです。ゲーム的な手法を取り入れることで，「間違った読み」も大切にされ，さまざまな「読み」がその世界を深め，豊かにするものであることに気づくことができます。

一つの物語を，仲間を作って〈**協同して**〉読み，作戦を考え，〈**探偵して**〉いく。そうして，〈**物語をまるごとつかむ**〉ことが，物語を体験的に共有することになります。M・M・サルトは，アニマシオンの目指すところを，〈**理解し，楽しみ，深く考える**〉と表現していますが，まったく同感です。私たちの研究会を，「クラブ」と名づけたのは以上の 4 つのコンセプトによるものです。

5　アニマシオンとまなび

読書だけではなく，子どもの生活の全体，とりわけ日本の子どもたちの生活の中で大きな位置を占めている学校生活，その「まなび」を楽しく，豊かなものに変えていきたい，アニマシオンをそこにまで応用していこうと考え，「まなび探偵団アニマシオンクラブ」という発想をしました。

①読書の活動的領域を拡大したい

この本の中では，「遊び」「協同」「探偵」の対象を，古典や写真集，ノンフィクション，辞書・辞典にも広げています。

アニマシオンは，「読解」に代わるものではありません。国語学習における読解とは役割を異にするものです。アニマシオンは「読むことの活動的領域」とでも言ったほうが適切でしょう。

②まなびのあらゆる場面に応用して，活性化していきたい

子どもたちの「嫌いな教科」を聞いた多くの調査が，小学校の早い時期からまず国語があげられています。続いて，算数があがり，そして，社会科があがります。入学したときは「早く勉強しようよ！」「もっと勉強したい！」と言っていた子たちです。友だちと読み，話し，遊び，学ぶことの楽しさが見失われています。私たちは「魂の活性化」というアニマシオンの基本思想をこのまなびの世界にこそ応用しなければならないと考えるのです。

そのことによって，同世代が生活をともにしてまなぶという学校の意義を確かめていきたいと思います。それが，まなび探偵団という発想の3点目です。それをまとめれば，

③「ともに生きる（まなぶ)」ということを喜びとして体験させていきたい

ということになります。

6　少年期の心の闇と物語る力

ここ数年，10代の犯罪が社会問題として注目されるようになりました。そして，「少年期の心の闇」がクローズアップされてきました。ちょうど，学校週五日制の本格実施に入る時期と重なり，「ゆとりの中で生きる力を育てる」と謳った新学習指導要領があたかも子どもたちの知性・理性を失わせたかのような声もあがりました。そして，ふたたび，「基礎学力の徹底」と「心の教育」の方向に学校を競わせていく流れが生まれています。

しかし，「少年期の心の闇」は，青年前期の自立に向かう成長の課題です。だれもが必ずくぐりぬけるトンネルです。多くの文学がこの課題を描いてきました。ヘッセ『車輪の下』，R・ロダン『ジャン・クリストフ』，下村湖人『次郎物語』がそうであり，今，10代のベストセラーである『ハリー・ポッター』がそうです。

大事なことは，「心の闇」を避けることではなく，しっかりと向き合うことです。同じような悩みを抱える仲間がいることを知って，語り合うことです。思春期には，この世界の物語はすでに大人たちが作り上げたもののように見え，それを担わされるのはうっとうしく思われます。しかし，この世界の物語は出来上がったものではなく，書き換えることができるものであり，自分には自分の物語

を創っていくことができると知れば，勇気がわいてきます。学習はその物語を紡ぐ力をはぐくむのです。読書はその物語を尋ねる旅です。アニマシオンはそれを励まし，共有する仲間の存在を確認する体験です。ですから，アニマシオンクラブは，「読書は人生のゼミナール（演習・練習）」と考えています。

7　ファンタジー

今，書店の店頭には，ファンタジー物と呼ばれる物語が並んでいます。「ハリー・ポッター現象」とも呼ばれます。実際，たくさんの子どもたち，若者たちが手に取り，読んでいます。ゲーム世代の彼らはそこに何を期待しているのでしょう。ハリーは，体はやせて小柄で，強い近眼のめがねをかけ（そのめがねは壊れており），家庭でも学校でもいじめられっ子でした。しかし，11 歳になったある日，自分の出自を知り，ホグワーツ魔術魔法学校に入学して，まったく新しい自分を発見していきます。そこには，いままでのあきあきした毎日とは違う物語が待っていました。ゲームにのめり込む子どもたちも，「新しい物語」を発見したい，体験したいと期待しているのではないでしょうか？　しかし，いわゆる「テレビゲーム」は，設定されたレールの中をひた走るジェットコースターで運ばれるような暴力的な体験です。読書は，途中下車があり，読み直しのある，いわば手こぎのボートでこぎ出す旅です。いずれにしても，今日，子どもたちはいつもの毎日と違う自分と出会うファンタジーを求めています。

河合隼雄氏は，「ファンタジーというと，すぐに空想への逃避という言葉を連想し，それに低い価値を与えようとする人がいるが，ファンタジーというのは，そんななまやさしいものではない。それは逃避どころか，現実への挑戦を意味することさえある」と，述べています（『ファンタジーを読む』講談社＋α 文庫）。

少年期は，自分の物語を求め，描こうと模索するときです。「心の闇」を乗り越える真実のことば，自分を表すことばを見いだしていくときです。それを，「物語る力」と呼びたいと思います。「物語る力」を獲得して，その物語の実現のために，この世界の現実と向き合っていくことが人生です。そして，自らが描いた物語の主人公となってその実現に努力していくことこそもっともすばらしい人生ではないでしょうか。

「物語」とは，特別なストーリーを創作することではありません。谷川俊太郎氏は『いっぽんの鉛筆のむこうに』（福音館書店）において，１本の鉛筆が手元に届くまでに黒鉛を掘り，木を切りだし，船で日本に運び，鉛筆に仕上げ，箱詰めしていくその背後の「物語」に注目させて，こう語っています。

「人間は鉛筆１本すら自分一人ではつくりだせない。いまでは，どこのうちのひきだしのなかにもころがっている鉛筆だが，そのいっぽんの鉛筆をつくるためには，かぞえきれぬほどおおぜいの人が力をあわせている」

「いっぽんの鉛筆の向こうに」その物語がある，それを読みとる力，想像をはせる力が，いま世界を結び合わせ，救うのではないでしょうか。涙を浮かべる少女，一切れのパン，その写真の向こうにある世界の物語を読もうとする力が求められています。この本の中で，私たちはそれを，アニマシオンから次へのステップとして少しだけ試みました。II部がそれです。

『チポリーノの冒険』で知られるG・ロダーリは，『ファンタジーの文法』（窪田富男訳，ちくま文庫）の中で，ファンタジーの力が人をこの世界の主人公にするのだとして，こう提起しています。

「わたくしはこの小著が，想像力が教育の中でその場所をしめる必要を信じている人に，子どもの想像力を信頼している人に，等しく役立つものであってほしいとねがっている。“ことばの用法のすべてを　すべての人に”，これこそうつくしい民主的ひびきをもったすばらしいモットーだとわたしは思う。だれもが芸術家であるからではなく，だれもが奴隷ではないからである」

読書へのアニマシオンは，自立した市民を育て，その協同をはぐくむものです。

イタリアで，もっともすばらしいスポーツマンが求めるのは「プロ」と呼ばれることではなく，「ファンタジスタ」という称号だそうです。その演技が夢をはぐくむということです。わたしたちも，ファンタジスタ！　と呼ばれることを夢見て，子どもたちとの毎日の関わりを大切にしていきたいと思います。

（岩辺泰吏）

I

読書へのアニマシオン

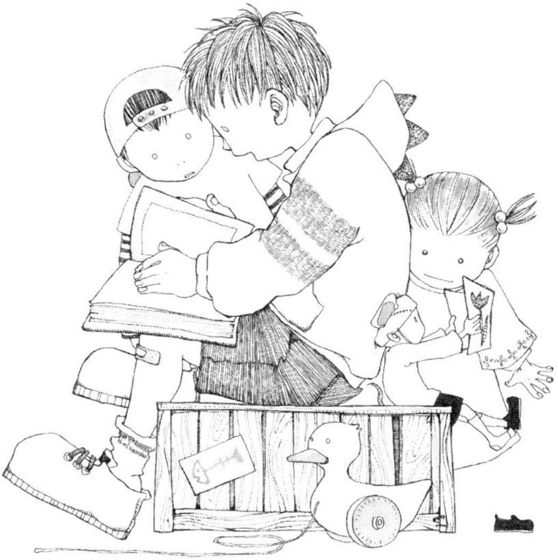

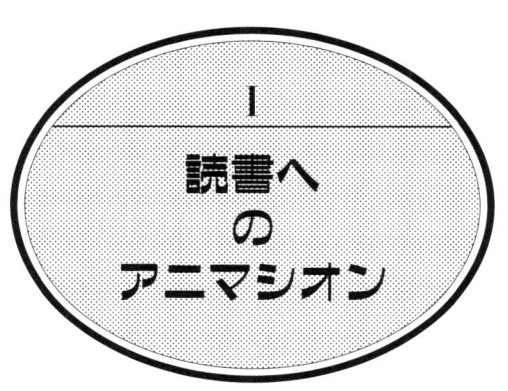

絵本

物語を集中して聞きながら地図を描いて，物語をもう一度楽しく体験する

地図をかこう

『ぶたぶたくんのおかいもの』を宝島

◈ゲームのねらい

話を聞き取る力，内容を読み取る力を育てます。

◈規模・年齢・必要な時間

30人まで／小学校3，4年生ごろから／1時間以上

◈準備するもの

本（読み語り用）／画用紙（4つ切り大）グループに1枚

◈進め方

①本を一通り読み語りして（独特の絵が魅力的なので見せなが

ら），感想を聞きます。
②「もう一度読むので，ぶたぶたくんがどこをどんなふうに通って行ったか，地図が描けるように，聞いていてください」
③グループごとに画用紙を渡して，相談しながら地図を描きます。
④各グループが説明をします。
⑤作者の描いた地図（本の最後に出てくる）を紹介します。

◈ワンポイント・アドバイス

• 参加人数が少なければ，一人ひとりに地図を描かせてもいいでしょう。

• 地図が描きにくければ，ぶたぶたくんの家からパン屋までの道を描いてみせるなどの支援をしましょう。

• グループで説明をするとき，紙で作ったぶたぶたくんなどの人形を動かしながら発表したり，時間があれば，パン屋なども作ったりすると楽しいですね。

• ぐるっと一回りする道であることには気づかせたいところですが，作者の描いた地図に近いかどうかには，こだわらないようにしましょう。

• 「へりこぷたー」「いけにさかな」などにも目を向けて描いているグループがいたら，みんなに紹介しましょう。

◈発展

• 地図づくりのできそうなお話は，たくさんあります。子どもたちの大好きな冒険物語やファンタジーのほとんどで可能ですね。長い物語であれば，本を手にじっくり読み込ませればいいと思います。

• 『ぶたぶたくんのおかいもの』は，とても魅力的な絵本です。“本の探偵”赤木かん子さんが，絵本のベスト１にしているほどです。ですから，アニマシオンのいろいろな作戦をして，たっぷり楽しめます。また，ごっこ遊びもできます。

• はやくちおねえさんのことばを早口で読んだり，ゆっくりおばあさんのことばをゆっくり読んだりするのも，子どもたちは大好きです。ゆっくりことばも，息をつがずに読もうとすると，大変です。

作品（土方久功 作・絵，福音館書店）
「ぶたぶた　ぶたぶた」と言うくせがあるために，いつの間にかみんなに「ぶたぶたくん」と呼ばれるようになった，こぶた。お母さんは，自分でつけてやった名前を忘れる始末。そのお母さんからお買い物を頼まれたぶたぶたくんは，黄色いリボンを結んでもらって，出発する。からすのかあこちゃん，おおきなこぐまくんたちと出会いながら，パン屋のにこにこおじさん，やおやのはやくちおねえさん，おかしやのゆっくりおばあさんのもとをたずねていく。帰り，みんなと別れて心配になってきたぶたぶたくんでしたが，無事にお母さんのもとへたどりついた。実は，ぶたぶたくんは道をぐるっと一回りしてきたのだ。作者は東京生まれ。絵本を創り始めたのは，70 歳を過ぎてからのことである。絵本には『おによりつよいおれまーい』『ゆかいなさんぽ』（以上，福音館書店）などがある。

（菊池一朗）

この世に「あることば」と，作者のつくった「ないことば」を見抜くゲーム

あることば ないことば

『カニ　ツンツン』を宝島

◈ねらい

ことばに対する関心を喚起する，みんなで話し合うことのおもしろさを味わう，ことばの多様性やおもしろさに気づく，など。

◈規模・年齢・必要時間

20 人くらいが参加しやすい／小学校 3， 4 年生から／ 1 時間程度

◈準備するもの

本（読み語り用）／文を書き写したプリント／プリントを模造紙

大に拡大したもの（ポスタープリンターで）／黒板

◈進め方

①本の読み聞かせをし，感想を聞きます。

②文を書き写したプリントを配り，音読させます。

③やり方を説明します。

「この本は，作者の金関さんが創ったこの世に“ないことば”と，すでにこの世に“あることば”とを組み合わせてできた本です。どのことばが“ないことば”で，どのことばが“あることば”でしょう。“ないことば”と思うものには青線を，“あることば”と思うものには赤線を引きましょう。また，“あることば”はどんな意味なのか，赤線の下に書き込みましょう」

④絵本の見ひらき２ページごとに，自分の考えた「あることば」と，その意味を発表させ，黒板に貼った拡大プリントに記入していきます。

⑤見ひらきごとに，お互いの考えについて話し合います。

⑥すべてのページについての発表と話し合いが終わったら，金関さんの創作メモ（本の最後に載っている）を紹介し，説明をします。

⑦みんなで音読します。最初の読みよりも，生き生きとしてくるはずです。

◈ワンポイント・アドバイス

• 線引き，書き込みをする時間をたっぷりとりましょう。一人ひとりの作業が難しければ，グループで話し合ってもよいでしょう。

• 発表や話し合いは，手際よく，どんどんやっていきましょう。正解を求めることを目的としないように。

• ネイティブ・アメリカンやアイヌの人々についての説明を用意しておきましょう。

◈やってみました！

カニ　ツンツン　ビイ　ツンツン　ツンツン　ツンツン

カニ　チャララ　ビイ　チャララ　チャララ　チャララ

《子どもたちの考えた「あることば」とその意味》

──→カニ……生き物のカニ，ツンツン……突くこと

《金関さんの創作メモ》

──→この部分は，アイヌの人々の聞き取りによる鳥のさえずる音

作品（金関寿夫 文・元永定正 絵，福音館書店）

格別これといったストーリーはない。作者の金関寿夫さんが，自分で創り出したことばと，すでに存在していることばの響きとを，自在に組み合わせてできたものである。そのことばの響きを，元永定正さんが，明るく楽しい絵で表現している。

作者の金関寿夫さんは，ネイティブ・アメリカンの詩の紹介などを通して，現代における言語芸術の可能性を探求してきた。主な著書に『魔法としての言葉　アメリカ・インディアンの口承詩』（思潮社），訳書に『おれは歌だ　おれはここを歩く　アメリカ・インディアンの詩』（福音館書店）などがある。絵をかいた元永定正さんには，谷川俊太郎さんとの共作『もこもこもこ』（文研出版），山下洋輔さんとの共作『もけらもけら』，自作の『がちゃがちゃどんどん』（以上，福音館書店）などがある。

（菊池一朗）

絵本

物語に出てきた「食べもの」を思いだし，その登場場面を見つけるゲーム

食べたかな 食べなかったかな

『はらぺこあおむし』を宝島

◈ねらい

繰り返しのおもしろさだけではなく意外な食べものを発見し，物語の仕組みへの意識を育てます。

◈規模・年齢・時間

何人でも／文字が読めれば何歳からでも，少なくとも絵がわかれば何歳からでも／ 30 分程度

◈用意するもの

食べもののリストか絵（どちらか）

◆準備

①出てきた食べものメニュー（文字でも絵でもよい)。メニューに，探偵が考えた食べものを加えて表を作る。まぎらわしい名前を入れておくと盛り上がります。

②参加人数分のリストをプリントしておきます。

◆進め方

本を一通り読んだ後に行います。

①「食べものメニュー」を配ります。

②子どもたちは，食べたものには○，食べなかったものには×をつけます。

③早く終わった子は，「おあじはいかが？」の欄にどの場面で登場したか，またはどこが違うかを書き込みます。

④全員終わったら，「この食べものは食べたかな？　食べなかったかな？」と言いながら，確かめていきます。

そのとき，「おあじはいかが？」欄に書いたことを「つけくわえ」て探偵結果を発表します。

◆ワンポイント・アドバイス

• 「食べたもの」とはどういうことかを，はじめに約束します。劇にしたときに舞台に目に見えるように出てくるものです。登場人物の話の中だけにしか出てこない場合は×。

• さし絵に出てくるが，本文には出ていない場合は×（絵本の場合は隅々まで見よう，読もうということも大事なので，探偵がどんなねらいを持つかで約束を決めましょう)。

• この場合，絵本を見ないでやりましょう。短いし，筋がはっきりしています。

食べたかな？食べなかったかな？　メニュー

名前（　　　　　　　　　　　　）

食べたものには○，食べなかったものには×をつけましょう。

食べものの名	○か×	おあじはいかが？ たんていしたこと
すももみっつ		
りんごひとつ		
なしみっつ		
いちごいつつ		
おれんじむっつ		
ちょこれーとケーキ		
チーズ		
ソフトクリーム		
ピクルス		
サラダ		
さくらんぼケーキ		
さくらんぼパイ		
サラミ		
ソーセージ		
カップケーキ		
すいか		
みどりのはっぱ		

○（食べたもの） すももみっつ，りんごひとつ，ちょこれーとケーキ，チーズ，ピクルス，さくらんぼパイ，サラミ，ソーセージ，カップケーキ，すいか，みどりのはっぱ
×（食べなかったもの） なしはふたつ，いちごはよっつ，サラダは無い。サラミはある。ソフトクリームではなくアイスクリーム。さくらんぼケーキではなくさくらんぼパイ

作品（エリック＝カール 作／もりひさし 訳，偕成社）
　エリック＝カールのこの絵本は，30 年以上にもわたって絶大な人気を誇る本。だれもが一度は読んでいるかもしれない。大きさも掌サイズから，新聞見開きの大きさのビッグブックまである。また『わたしだけのはらぺこあおむし』という自分で色を塗って仕上げていくものもある。あおむしにんぎょうがセットのものもある。
　英語版の原書との対比もおもしろい。また原書を訳するのもおもしろい。月曜の朝，生まれたあおむしははらぺこ。いろいろなものを食べて食べて食べまくり最後は……と，あおむしの「完全変態」の道のりが描かれている。登場人物はあおむしと，お月様。お日様は出てくるが，しゃべらない。このへん，人物は？ と探偵してみるのもよい。あおむしは，しゃべらない。しゃべっているのは，ナレーターとお月様だけなのであった（読み聞かせだけでも十分に，「まんぷくまんぷく」も，「ダウトもさがせ」もできる）。

（佐藤広也）

絵本

この子はだあれ？

登場人物について簡単な説明が書かれたカードを読んで，それが誰のことなのか見つけるゲーム

『14ひきのあさごはん』　を宝島

◈ねらい

さまざまな人物の特徴を明らかにしながら，14ひきのくらしぶりをみんなで考えましょう。登場人物のことばや服装，ふるまいなどからその性格を推理します。

◈規模・年齢・時間

25人くらい／30分程度／文字が読めれば何歳からでも

◈用意するもの

人物紹介カード

◈準備

①各登場人物の特徴的な行動や態度，性格の表れていると思われる表現を書き抜いた人物紹介カードを作ります。

②カードはできれば参加する子どもの数だけ用意（2人に1枚くらいでもできます）。

◈進め方

本を一通り読んだ後，または，読み聞かせしながら，

①「まだ読まないでね」と言って，カードを裏返して配ります。

②全員にカードがいきわたった後，子どもたちは各自のカードをめくって読み，答えを考えます。5分ほど時間を与えます。

③最初に指名された子どもは自分のカードを読み上げます。その後，自分の考えを言います。順に発表していき，全員発言します（カードに番号をつけて，その順に発表してもよい）。

④最後にアニメーター（アニマドール：本と子どもの仲介役として子どもの読む力を引き出す人）は，「誰が一番気に入りましたか？」と聞きます。そのわけも発表させます。

◈カードの実例

《家族のなかでの役割や，性格の特徴が表れているカード》

☆もりのあさ。はやおき　いちばんはだあれ？（おじいさん）

☆おねしょしたのは　だあれ？（とっくん）

☆かおをあらうとき　まだ　ねむそうなのは　だあれ？（にっくん）

☆のいちご　つみに　でかけよう。　せんとうは？（いっくん）

《絵をよく見ないとわからないカード》

☆あたまに　かごを　つけているのは？（にっくん）

☆まるきばし　わたっていこう。らくちんなのは　だあれ？（くんちゃん）

☆ちょっぴりあまくて，ちょっぴりすっぱい　のいちご。わあ，ひとくちたべてみてるの　だあれ？（ごうくん）

☆ほたるぶくろが　かぜにゆれてる。すてきなぼうしをかぶったの　だあれ？（にっくん）
《14 ひきのくらしぶりに関わるカード》
☆くるくる　こなをまるめて，なにを　つくってる？（パン）
☆こなは　なんのこな？（どんぐり）
《背景の動植物などについて》
☆もりで　あさごはん　たべてるむし　なあに？（かぶとむしたち）
☆はちは　いる？（いる）いないものをおりまぜてもよい。
《どの場面が好きか。そのわけなど。作品全体について》

◆ワンポイント・アドバイス

• 表紙の家族全員の絵，裏表紙の 14 ひきの家の絵も活用したい(14 ひきの家族の名前／ 14 ひきの家の場所／どんな家か)。

• どの子にも，絵が良く見えるようにしましょう。2 人に 1 冊くらい本が用意できるのが望ましい。

• 人物紹介カードの文だけでなく，絵も使って，文と名前と絵を一致させ，家族合わせゲームのようにしてもおもしろい。

• 虫や草花が，いたか・いなかったか，どの場面にいたのか，絵のどこにあるかを見つけるなどのクイズにすることもできます。

• 14 ひきが，灯りに使っているもの，水や火，食べ物などくらしぶりに注目して，話し合うこともできます。

◆発展

• 本文がほとんどそのままクイズになります。絵をよく見るといろいろな問題ができるので，「クイズ大作戦」など，子どもが問題を作っても，楽しめるでしょう。

• この作戦には『てぶくろ』『王さまと 9 人のきょうだい』など登場人物が多く，それぞれ特徴がはっきりしている本が適します。

• 『そらまめくんのべっど』では，読み聞かせの後「くものよう

に　ふわふわ」「うすい」「かたい」などの言葉をヒントにそれぞれの実物（絵）のさやと豆を当てました。生活科で給食に空豆が出るときに，皮をむかせてもらい，豆の数を数えました。はじめて自分で皮をむき，１年生は歓声をあげていました。

作品（いわむらかずお 作，童心社）

14 ひきが朝起きてから，朝御飯を食べるまでのお話。14 ひきが役割分担をして，野いちご摘み，ドングリのパン作りなどして，朝御飯の用意をする。少し前の大家族の暮らしぶりや，里山の自然がなつかしい。作者のいわむらかずおは，「『14 ひきシリーズ』では野ネズミの目線で土に寝転がって，ほっぺたに草がチクチクする感触を楽しんで……雑木林をわたる風のようすや，５月の季節の湿り気や空気の匂いを絵の中にかきこんでいく……」と語っている。他に『おおきいトンとちいさいポン』『かんがえる　カエルくん』『とがり山のぼうけん』シリーズなど多くの子どもたちに親しまれている。

（滝脇れい子）

絵本

まいご犬探偵団

ことばもわからない見知らぬ町で迷子になった犬をどうやって探し出したか，その謎を探偵するゲーム

『ぼくのいぬがまいごです！』を宝島

◈ねらい

まいご犬探偵団を作り，アニメーターの質問に答えながら登場人物や物語の世界をたずね，推理します。

◈対象者・規模・必要な時間

小学校１年生から／20人くらい（学級規模でも可）／30分程度

◈用意するもの

本（あらかじめ読んでおくか，読み聞かせ）／探偵メモ

◈準備

①アニメーターは，よく本を読んで，探偵メモを用意します。

②会場は，アニメーターを囲むように半円形に作るとよい。

◈進め方

アニメーターは，ある人から頼まれた不思議な事件つまり，ことばもわからぬ見知らぬ町で，迷子になってしまった自分の犬を探し出したホワニートという子どもの秘密を調査しにきたレポーターとして登場します（マイクや帽子，サングラス，コートなどで，それらしく雰囲気を盛り上げて……）。

①（犬が見つかった場面は見せずに）子どもたちに，たずね犬の特徴を調べてたずね犬ポスターをつくるように依頼します。小さい子の場合は，絵をかくだけでよいでしょう。

②どこに探しに行ったか，どんな人がいたかを調べていきます。

③お互いの言いたいことを，どう伝え合ったのか話し合います。

④ホワニートが言ったスペイン語の意味を推理してみます。

⑤はじめホワニートがとても心配だったことは何でしょう。

⑥ホワニートには新しい友だちができるでしょうか。

◈さあやってみましょう！

①（自己紹介）「私はちょっと不思議な事件について調べているレポーターです。ホワニートは，2日前にプエルトリコからニューヨークに引っ越してきたばかりです。ことばはわからないし，友だちはかわいがっていた犬だけ。なのに，その犬がいなくなってしまい，探しています」。みなさんも，まいご犬探偵団になって手伝ってください。

②「おまわりさんがたずねました。どんないぬだい？」（30ページ）までを読み聞かせします。

③どんな犬か特徴をつかんで絵をかいてください。色，大きさ，どんな毛か，目，走り方，名前などを思い出させながら書いてもらいます。

④その犬を飼っていた子は，どんな子ですか？　年は？
⟶［８歳になったばかりの男の子，スペイン語しかわからない，など］
⑤（もう一度本を見せて）いっしょに探してくれた人はどんな人ですか
⟶［エルナンデスさん，リリーとキム，アンジェロなど］
⑥どこで会いましたか
⟶［銀行，中国人街，イタリア人街など］
⑦どうやってお互いの言いたいことがわかったのでしょう
⟶［持ち物を使う，やってみせる，指さすなど］
⑧このことばの意味は？
⟶［ミーペーロセアペルーディート，ロホなど］
⑨はじめホワニートがとても心配だったことは何でしょう。

（子どもの描いた迷子犬ペピート）

⑩ホワニートは新しい友だちができるでしょうか。
⑪この物語を探偵して思ったことはどんなことですか。
＊［　］の中は予想される回答

◆ワンポイント・アドバイス

• 子どもたちは１人で，または３人くらいで探偵事務所を開きます。探偵事務所の名前を決め，看板（B４の画用紙でプラカードにする）や表札（B４画用紙を縦に半分にして黒板に貼る）に大きく書きます。
• アニメーターの質問に答えるとき，事務所の看板を掲げます。
• うまい答えが出たときは，表札の下に得点を加えていきます。

作品（エズラ・ジャック・キーツ＆パット・シェール 作・絵／さくまゆみこ 訳，徳間書店）

1960年にアメリカ合衆国で出版された。画家・イラストレーターとして活躍していたキーツと子ども向けの本やテレビ番組の脚本，雑誌記事を書いていたシェールが出会ってこの本が生まれた。ことばの一つひとつ，絵の１点１点，二人で話し合いながら協力し合ってつくりあげた作品。その後キーツは自作の絵本『ゆきのひ』（偕成社）でコールデコット賞を受賞するなど，絵本作家として高い評価を得た。

（滝脇れい子）

絵本

用意したリボンやことばのカードが物語のなかでどんな役割をしたかを推理する

役にたつ
おまじないは？

『ちょっとまって』を宝島

◈ねらい

これは，子どもたちが絵や文章に注意を向け，よく考えることをねらいとしたゲームです。アニメーターが子ども一人ひとりにたずねていく形で進めていきます。観察力を高め，注意力を引き出しじっくり考えることを身につけます。

◈対象者・規模・必要な時間

小学校低学年向き／ 30 人前後／ 30 分程度

◆用意するもの

リボン／登場人物のことばカード

◆準備

①リボン（または色画用紙）複数色，それを入れる箱

②登場人物のことばカード

(①②両方とも作品に合わないものも用意しておきます)

◆進め方

①絵本を一度ゆっくり読み聞かせます。

②箱に入ったリボンを引かせます。

③別の子どもたちに裏返したことばカードを「まだ見ないでね」と言って引かせます。

④カードが行き渡ったらカードをめくって黙って読ませます。

⑤子どもたちは指名された順に，リボンやカードについてたずねられたことに答えていきます。

⑥最後に「どのおまじないが好きでしたか」と，聞いて終わりにします（カードはなるべく人数分，または2，3人に1枚用意しておく）。

◆さあやってみましょう！

①リボンはおつかいのおまじないともなったものです。リボンを引き終わったら，引いた子に次のことを順に聞いていきます。

○「そのリボンは役にたちますか」

○「どんなおまじないでしたか」

オレンジ……お誕生日にきてくださいのお（オ）

緑……みみずのみ

赤……まっかなあか

茶……チョコレートのちゃ

紫……むずむずのむ

（ほかに，白や黒，黄色，ピンクなど作品にない色も用意）

やりとりが終わったらリボンを黒板にマグネットでとめておきま

す。

②登場人物のことばカード

カードが行き渡ったらは次のようなことを順に聞いていきます。

○「何が書いてあったかな」

○「さっきのお話に役にたちますか」

○「どうして役にたつの」「どうして役にたたないの」

○「誰のことばですか」

○「忘れないようにおまじないは何色のリボンだったでしょう」

○黒板に貼ったリボンの下にことばカードをとめましょう。

《カードの内容例》（作品に関係のない文章もあります）

☆お誕生日パーティにきてください

☆みみずたちの　いたずらが　ひどくって，きのうなんか，わたしとおとなりのたんぽぽさんのねっこをむすんじゃったのよ。そんなことしないように，みみずにいってきかせてほしいの

☆おとうとがまいごになったからさがしてくださいって

☆チョコレートをたべすぎるとむしばになるよって。

☆すぐきてほしいのよ。うちのこがね，せなかがむずむずするって，さっきからおおさわぎしてるんだけど……。

☆わたしじゃどうしてもこうらのなかにてがとどかないのよ。

☆きもちがわるいから，おくすりください。

☆ピンクのおはながさいたから，みにきてください。

☆まっくろくろすけが，いっしょにあそびたいって。

☆ぼくににあうねずみいろのセーターを，つくってください。

etc.

◈ワンポイント・アドバイス

• ゲームの前に「みんなもおつかいにいったことあるでしょ。いっぱいたのまれたらたいへんだね」「シムくんもいっぱいたのまれました。さあ，どんなおつかいだったかしらね」と簡単に粗筋を押さえてから始めます。

• 主人公（シムくん）役の子を決めて，リボンをつけてもっらた場所を思い出しながら，実際に登場人物のカードを引いた子がつけてあげるということもできます。

• ゲームが終わったら，カードやリボンを引き直してもう一度ゲームをしたり，「耳で聞き取る間違い探しゲーム（ダウト）」をしたりして楽しむこともできます。

作品（岸田今日子 作／佐野洋子 絵，福音館書店）

文章は女優の岸田今日子。子育て中に娘さんの縞模様のぬいぐるみにお話をつけて語ってあげていたことがもとになってできた作品。さし絵は『100 万回生きたねこ』の佐野洋子。パステル調の色合いで余白が多く，子どもたちは場面にしっかり集中できる。

（原かしこ）

お話に出てきたものの絵から，その持ち主（役割）を当てていく。登場人物（動物）の特徴をつかむ

これ，きみの役だよ

『にんげんごっこ』を宝島

◈ねらい

登場人物を思い浮かべながら物語を再現します。

◈対象者・規模・必要な時間

小学校低学年から／ 30 人前後／ 30 分程度

◈準備

①登場動物たちのカード

②登場動物たちが演じる役割に合う絵のカード。カード入れ。または，実物を身の回りから探してきて箱に入れておく。

◈進め方

一度絵本を読んで聞かせてから行うゲーム

①登場動物カードを配る。

②登場動物カードを持っている子はアニメーターの右側に移動。

③他の子どもたちはアニメーターの左側に移動。

④左側の子どもたちは２，３人で１チームを組み，中央に置いた箱から絵カードや実物を順に一つずつとる。

⑤④でとったものをそれを演じる登場人物に渡していく（例「これって，かばくんの役だよ」)。

⑥箱の中のものがなくなったら，登場人物の役の子に自分の役と合うかどうかたずねる。

⑦どの配役がおもしろかったかを聞いて終わりにする。

＊登場する動物も配役も多いので，とくに追加はいらないでしょう。

＊配役カードを間違って渡した子がいてもそのままにしておきます。

＊すべてのカードのやりとりが終わってから，間違いに気づいた子はやり直していいことにします。

◈ワンポイント・アドバイス

•ストーリーとさし絵のおもしろさで子どもたちはいっぺんにこの本の世界に入ることができます。

•人間の世界でも動物のものまねは，大人気の遊びです。反対にもしこれを動物たちが人間ごっこをしたらどうなるでしょう。知ったかぶりのねこさんがリーダーです。さて，動物たちは楽しく遊べたかな……と簡単にストーリーを振り返っておきます。

•文中にある「ふみきり」は，今では都市部では見られなくなりつつあります。必要に応じて適当な写真などを用意したりして，読み聞かせの段階で説明をしておくと良いと思います。

•まったく逆の遊びもできます。動物たちが自分の個性に合う配役カードを持っている子のところにいってマッチングするというやり方です。

• さらにお手軽，かつわれもわれもと発言が飛び交うこと間違いなしのゲームとして，進行役が動物カードか配役カードかどちらでも良いのですが順番に見せながら，それぞれに対応することを当てさせていくというものがあります。

◈発展

• 気持ちカードを用意します。

動物カードとこのカードでゲームをします。気持ちカードは書かれていない部分もありますから，そのときは動物カードの子が想像して答えたり，他の参加者から意見を聞いたりしながら進めます。「どうして？」そう思ったのかも聞いてみることができます。

カード例

動物カード	配役カード
のらねこ	リーダー
しまうま	おうだんほどう
キリン	ふみきり
うし	ちず
とり	ほうちょう
ありくい	そうじき
こうもり	ハンガー
ぞう	すいどう
ひつじ	ソファー
はりねずみ	たわし
かめ	たいじゅうけい
ももんがあ	しんぶんし
かば	トイレ

• 「にんげんごっこ」の参加者をもっと多くしよう。
他の登場動物とその配役を考えます。それぞれカードに書いてもらい発表し合います。人間世界のいろいろな面に広げて考えさせます。おもしろい考えが出てきたら，実際に演じてみましょう。

作品（木村裕一 作／長新太 絵，講談社）
　人間の気配を感じた動物たちが「にんげんごっこ」をして遊びます。でも，いざやってみたら大変大変。「にんげんごっこ」はこりごりだという話。文章はご存じ『あらしのよるに』シリーズや画家の黒田征太郎と３日間で公開制作した『風切る翼』などの木村裕一。さし絵は『ちへいせんのみえるところ』『だくちるだくちる』『キャベツくん』『わたしのうみべ』などで今や親子３代もの幅広いファンを持ち「絵本力」ナンバーワンの呼び声も高い長新太。

（原かしこ）

絵本

繰り返しのことばを楽しみながら，物語の展開にしたがって出てきた順にさし絵カードを並べ換える

GAME★1

よし，いいものができるぞ

GAME★2

どんどんふえてゆくよ

『おじいさんならできる』を宝島

◈ねらい

物語をおもしろくしていく登場人物の言葉や大道具・小道具の役割に気づき，上下の物語のつながりと物語の仕組みへの意識を育てます。

◈対象・規模・必要な時間

文字が読めれば何歳からでも／30人くらいまで／45分程度

◈用意するもの

文章カード／さし絵カード

◈準備

①繰り返し出てくることばで，物語を進める大切な役目を持つことばを文章カードで用意します。

②登場人物の持ち物で物語に大切な役割を持つものを，さし絵カードとして用意します。

③参加人数分の異なるカードがあるとよいが２人に１枚分は用意します。カードは，子どもに見える大きさにつくります。

よし，いいものができるぞ（おじいさんとヨゼフ篇）

◈進め方

さし絵をていねいに見てゆっくり読み聞かせた後に，繰り返しの文を楽しみながら行うゲーム。

①登場人物を思い出させます。

②さし絵カードを配る。受け取ったカードから，それがどの場面のさし絵なのかを思い出す。友だちには見えないように裏返しにしておきます。

③物語の繰り返しのことばである，「もう捨てましょうね」（母親）と「よし，いいものができるぞ」（おじいさん）の文章カードを示して，誰がどんな場面で言ったのか聞きます。全員がわかったことを確認してからゲームを進めましょう。

④ブランケットの絵を見せながら，「もう捨てましょうね！」と言われたら，全員で「ちょうどいいものができるぞ」と答えます。その場面に合っているさし絵カードを持っている子がそのカードを持って出てきます。正しく出てきているかをみんなで確かめながら次に進みます。混乱している子にはヒントを出し，楽しむ気分を持たせます。物語にそって並べるように，座る位置は指示します。

⑤こうして開いたカードは，おじいさんがヨゼフのために縫ってくれたものであることを確かめます。

⑥続いてもう一つゲームをすることを伝えます。

どんどんふえてゆくよ（ネズミ一家篇）

⑦まだ開けていないカードを開けて，それがネズミ一家についてのものであることを確かめます。

⑧そのカードを持っている子どもは，ネズミ一家に増えていった物の順に，アニメーターの右側から並び変わります。

⑨アニメーターの読む物語を聞きながら，その場面に合うカードを上に挙げます。

⑩ヨゼフのボタンはネズミの家では何になりましたか，と聞く。アニメーターがさし絵カードを提示して，それを本で確かめてゲームを終わります。

◈ゲームで使うカード例

《文章カード》

☆もうすてましょうね！　☆ちょうどいいものができるぞ（GAME 1用）

《さし絵カード》（B5版くらいの厚紙でつくります。GAME 1用とGAME 2用を混ぜて配ります）

☆ブランケット・ジャケット・ベスト・ネクタイ・ハンカチ・ボタン（GAME 1用）

☆ワンピース・ズボン・カーテン・布団・テーブルクロス・カーペット・クルミのから・椅子など（GAME 2用）

◈ワンポイント・アドバイス

• 本は人数本を用意します。最低2人に1冊用意。十分に本が用意できれば，前もって読んでこなくても読み聞かせてゲームに入ることはできます。

• さし絵を隅々まで見ること，下段に描かれたネズミ一家の物語は細かい絵なので丁寧に見るように話してから読み聞かせを始めましょう。

• 子どもたちがさし絵も楽しみながら読み進むことができるように，様子を見ながらゆっくり読み聞かせましょう。
• さし絵カードは，物語の筋にそっているものを選びましょう。
• 戸惑っている子には，物語を思い出せるようにヒントを出してあげたり，友だちと一緒に答えたりできるように声をかけてあげましょう。
• 繰り返しのことばをキーワードにしてゲームのできる物語は数多くあります。展開がはっきりしている物語であれば，年齢にあまり関係なく楽しめます。ぜひ試してください（『おぼえていろよ　おおきな木』『だってだってのおばあちゃん』 など）。

作品（フィービ・ギルマン 作・絵／芦田ルリ 訳，福音館書店）

すべてのページが上下段になっていて，上段には，孫の誕生を喜び成長を見守るおじいさんとおじいさんを信頼して育つ孫の物語が描かれ，下段には，人間のおじいさんが床下に落とす布切れを集めては，服やカーテンなどを作って楽しく暮らすネズミ一家の物語が描かれている。ブランケットの一枚の布が，おじいさんの手にかかると，ジャケット，ベスト……と次々に新しい物にリフォームされていくのを主人公とともに楽しめる。家族に愛され成長する男の子とその床下に住むネズミ一家の物語を一枚の布がつなぎ合わせる。

（田邊妙子）

絵本

質問カードをもとに登場人物の世界に入り込むゲーム

ヤモの村に出かけよう

『せかいいちうつくしいぼくのむら』を宝島

◈ねらい

物語を読み，美しいと感じることは何か，命について，生きるとはどういうことかを考えます。自分が物語と同じ状況になったらどうするだろうと考えられるような読み方を身につけます。

◈対象・規模・必要な時間

小学校中学年以上／ 30 人くらいまで／ 45 分程度

◈用意するもの

物語の展開にそった質問／写真または絵／世界地図／地球儀

◈準備

①本は人数分揃えます。２人に１冊は最低用意します。

②物語の内容にふさわしく，テーマにふれることのできる質問「気に入ったところはどんなところ？」「美しいと感じたところは？」「不思議だと思ったところは？」などを質問カードにしておきます（アニメーターが持ち，利用する）。

③登場人物の持ち物や物語に大切な役割を持つさし絵を，それぞれ提示できる大きさのさし絵カードにして用意します（アニメーターが持ち，利用する）。

④写真または絵（スモモ，桜，ナシ，ピスタチオなどの花）

⑤地球儀や世界地図は，ゲームを始める前，部屋に用意しておきます。

◈進め方

さし絵をていねいに見てゆっくり読み聞かせた後に行います。

①登場人物を思い出させます。

②物語のあらすじを子どもたちに語ってもらいます。一人で全部語るのでなく，少しずつ数人の子どもたちで語りつないでいくとよいでしょう。何か抜けているところがないかをみんなにたずねて，あらすじをつかませます。

③あらすじをつかんだら，内容を味わう話し合いに進みます。アニメーターは質問カードを活用して，「気に入っているところはどこ？」「不思議だと思ったところは？」「本当にそこにいたらどうだろう？」など質問をしながら，季節ごとのヤモの村の美しさ，人々の生活ぶりを話し合います。さし絵を示しロバの背中の荷物に注目させて，村の生活や人々の価値観などにふれます。子どもたちが，本のテーマにふれられるような質問を選んでいきます。

④本の内容を理解できたところで，自分の生活と比べて考えてみるように，話し合いを進めていきます。地球儀や世界地図で日本

とアフガニスタンの位置を確認させます。

⑤話し合った感想を聞きます。

⑥同じ作者のほかの作品を知らせて，終わります。

◈質問カードの例

☆私たちの町とパグマンの村の似ているところがありますか。

☆パグマン村はどんな村ですか（春，夏)。

☆すもも，なし……の花を知っていますか（色，形，匂い，大きさ，など)。

☆ヤモが初めて町に出かけますね。どんな様子ですか。

☆ヤモと一緒に町を歩いてみましょう。町はどんな様子ですか。

☆どんな人と出会いましたか。

☆おみやげは何ですか。

☆村に帰ったヤモはどんなことを思ったでしょう。

☆ひつじに付けた名前は？　意味は？　ヤモはどんな気持ちでつけたのでしょう。

☆ヤモの村は，今どうなっているのでしょう。

など子どもたちの構成を考えて用意してください。

《さし絵カード》

☆町へ向かうときの荷物を背負ったロバ

☆村に帰るときの荷物を背負ったロバ

◈ワンポイント・アドバイス

• できれば人数分の本を用意したいが，少なくとも２人に１冊用意したいものです。子どもたちは前もって読んでおきます。読み聞かせをしてゲームに入るとよいです。

• さし絵を隅々まで見ること，細かいところまで丁寧に見ることを話してから読み聞かせを始めましょう。

• 子どもたちがさし絵も楽しみながら読み進むことができるように，様子を見ながらゆっくり読み聞かせましょう。

• 今まで自分の考えを話すことが少なかった子は，なかなかまとまったことが言えず，進みにくくなるかもしれません。物語を思い出せるようにヒントを出してあげたり，友だちと一緒に答えたりできるように声をかけてあげましょう。

• 子どもの生活と比べて考えるときには，子どものプライバシーに立ち入らないよう配慮します。

• 子どもたちが自由に発言でき，自分に自信を持ち，仲間の考えを大事にする雰囲気作りを心がけましょう。

作品（小林豊 作・絵，ポプラ社・えほんはともだち 40）

アフガニスタンのパグマン村に住む男の子・ヤモの物語。貧しいながらも素朴な村の生活，平和な村の様子が短い文章や絵から感じられる。ヤモの村の生活と自分の生活との違いを感じ取ったり考えたりしてほしい。作者は，他に，『ぼくの村にサーカスがきた』『ぼくは弟とあるいた』『えほん北緯 36 度線』などがある。

（田邊妙子）

絵本

本を読んで感じたこと，考えたことを語る力を引き出すゲーム

この本の世界を語り合おう

『スーホの白い馬』を宝島

◆ねらい

登場人物の関係をとらえ，自分だったらどうするかを語ることができるようにします。

◆対象・規模・必要な時間

低学年から／何人でも／ 40〜60 分くらい

◆用意するもの

本（あらかじめ読んでおくか，見せ語りをする）／感想設問カード／白馬の主な場面でのシルエットを描いたカード

◆準備

①本は２人に１冊くらい用意します。

②白馬のシルエットを８～12 場面，厚めの画用紙などを切り抜いて描いておきます。

③感想を求める設問カード「あのねカード」を，参加者数＋予備＋白カードを用意します。

④筆記用具

◆進め方

《はじめのいっぽ》

①事前に本を一通り読んで（あるいは見せ語って）おきます。

②グループに白馬のシルエット・カードを１セットずつ配ります。

③グループ（４人くらい）ごとに，白馬のシルエット・カードをあらすじをたどる程度に並べてみます。

④各グループは物語に登場する順に，そのシルエットを並べた後，本で確かめてみます。

《この本の世界を語り合おう！》

①設問が記入してある「あのねカード」を１人１枚引きます。

②参加者は，順次，設問を読み上げ，自分の考えや思いを紹介します。

◆さあ，やってみましょう

①グループごとに白馬のシルエット・カードを並べてみる（次頁の 10 シルエットを活用)。

②本を読んで感じたこと，考えたことを紹介し合う。

《あのねカード》登場。

☆一ばんすきなところは？

☆一ばんわくわくしたところは？

☆とってもすてきだ，とおもったところは？

☆なみだが出そうになったところは？

☆いやだなあ，とおもったところは？

シルエット・カード

（2年生の児童作品）

☆だいじょうぶかなあ，としんぱいしたところは？
☆うれしいきもちになったところは？
☆しんじられない，とおもったところは？
☆「わぁーい！　よかった」とおもったところは？
☆おうえんしてあげたくなったところは？
☆いちばんあんしんしたことは？
☆えにかきたくなったところは？
☆「なんとかしてあげなくっちゃ！」とおもったところは？
☆どんながっきをひいてみたい？
☆スーホにいってあげたいことは？
☆よいことをいっている，とおもったところは？

☆どんなどうぶつとともだちになりたい？
☆やってみたくなったことは？
☆あなただったら「こうする！」というところは？
☆しろうまにいってあげたいことは？
☆ひきょうだなあ，とおもったところは？

◈ワンポイント・アドバイス

• 白馬のシルエットを使った導入活動は，そのときの実情で，枚数や時間を工夫します。

• カードは同一の内容は作らないこと。子どもたちは，自分だけのオーダーメイドの問いかけに意欲を増します。

• 設問の表記は，親しみやすい文言とします。

• 1人に1セットずつシルエットを配り，裏面に感想を書き込む展開もできます。

• モンゴル国に伝わる話なので，モンゴルの人々の生活がわかるものや馬頭琴（写真・CD）などを準備するとよい。

作品（大塚勇三 再話／赤羽末吉 画，福音館書店）

貧しい羊飼いの少年スーホは，歌がうまく，大変な働き者である。真っ白な子馬をいつくしんで育てる。競馬大会で，みごと一等になるが，残忍な殿さまに，白馬を取り上げられる。スーホの許を目指す白馬の背には，雨あられと注がれた矢が。スーホに看取られながら命つきた白馬は夢の中で，自分の骨や皮や筋や毛を使って楽器を作るように頼む。スーホが作った「馬頭琴」はモンゴル中に広まり，人々の心を揺り動かす。モンゴルの大草原を横長いっぱいに描き込んだ，赤羽末吉の筆による画面は，このモンゴル伝説を臨場感あふれるものとしている。国際的な評価も高い。

（井上桂子）

絵本

読んだ本に新しいタイトルを創る

新タイトル決定！

『モチモチの木』を宝島

◆ねらい

本を読み，なかまとともに新しいタイトルをつけます。

◆対象・規模・必要な時間

小学校 3 年生くらいから／何人でも／ 45〜60 分

◆用意するもの

本（できれば人数分）／紙／鉛筆／黒板／タイトル記入用紙

◆準備

①本は各自前もって読んでおく。ゲームのあいだは手元にあるこ

とが望ましい（できるだけ人数分用意します）。

②紙と鉛筆は参加者が新タイトルを考えるときに使います。

③黒板に新タイトルを板書します。

④投票用紙はこれぞと思うタイトルを投票するときに使います。

◆進め方

①アニメーターは，「本のタイトル」の役割を説明します（他の作品と区別する，作品の個性を出す，内容を暗示する，読者を惹きつける等々）。

②タイトルの表記は，一つのことばでも，文章になっているものでもよいことを確認し，時間があるときは参加者が共通に親しんでいる本から一例を示します。

《タイトルの実例》

『ちいさいおうち』（V・L・バートン 作，石井桃子 訳）

──→☆わたしのうちにあそびにきませんか？

　　☆自然の大切さと時の流れ

『100 万回生きたねこ』（佐野洋子 作・絵）

──→☆何万回生きたって，愛がなくっちゃ！

　　☆りっぱなとら猫と白い猫と子猫たち

③本のストーリーを確かめたり，お互いの感想を尊重し合ったりしながら「新タイトル」をつくります。

◆さあやってみましょう

①今日，とりあげる本『モチモチの木』というタイトルについてどう思うか？」と，軽く問います。本の内容に合っているかどうか程度でよい。このゲームは，自分だけのオリジナルタイトルを創案することが目的であることを告げます。

②子どもたちは「これぞ！」というタイトルを各自いくつでも短冊紙に書き出します。もう一度黙読し，一番ふさわしいと思うものを一つ選びます。

③一定の時間がきたら，子どもたちは，自分（あるいは，グルー

プ）で考えたタイトルを大きな声で発表します。アニメーターは，それらを板書します。

④みんなのタイトルが出揃ったら，よいと思ったタイトル一つに投票します。

⑤支持数の多い順に３～４つのタイトルを選び，投票し，最後に一つのタイトルに絞ります。

⑥最終的に選ばれたタイトルの提案者は，なぜそのタイトルを考えついたか，タイトルを作るとき，どんな点に一番気をつけたかを参加者に説明します。アニメーターは，最後に感想を述べます。

◆新タイトル実作例

☆弱虫豆太のへんしん

☆勇気をくれた木

☆じさま死なないで

☆モチモチの木に灯がついている！

☆自分で自分を弱虫だなんておもっちゃいけない！

☆やっぱりセッチンはこわい

◆ワンポイント・アドバイス

• ４～５人の小グループで考え合うのも効果的です。その際は，グループ名なども相談させると連帯感が出てきます。

•参加者の実態によっては，列記し，お互いのタイトルを紹介し合ってもよい。また，必ずしも，一つに絞り込まなくてもよい。

◆発展バージョン

•簡易紙芝居をつくってみましょう。『モチモチの木』の古くなった本を２冊用い，背表紙から解体し，画面を台紙に貼り付け，紙芝居とします。

•みんなで，絵巻物に仕上げてみよう。幅１メートルのスクールロール紙を広げて，分担した箇所の絵をかきましょう。

•朗読するときは，黒子のベールなども，民話の雰囲気を演出できます。

- 校庭の一番大きな木の下で発表会をしてみましょう。

作品紹介（斎藤隆介 作／滝平二郎 絵，岩崎書店）

じさまと暮らす5歳の豆太は，夜中にしょんべんの時は，必ずじさまについていってもらう。そのため“おくびょうモノ”とされている。ところが，ある晩，体を丸めてうなり，畳に転げるじさまを目の当たりにし，「イシャサマヲ，ヨバナクッチャ！」と，外へ飛び出す。ハダシで泣き泣き，ふもとのいしゃさま目指して……。噛みつく霜で足から血が出ても，痛くて寒くて怖くても。そして，ついにその晩，「シモ月二十日のウシミツ」に，勇気のある子が一人だけ見ることができる幻想的な光景――モチモチの木に灯がともる場面を引き寄せる。

創作絵本として1971年に発行以来，多くの世代の人々に愛読されており，いわば，「日本人の心のふるさと」的作品でもある。「にんげんやさしささえあれば……」のじさまのことばをはじめ，全編，声に出して楽しんだり，語り伝えたりしたい文体になっている。また，切り絵画家・滝平二郎氏とのコンビネーションはこの上ない魅力と格調を醸し出している。他にも両氏による絵本は『八郎』（福音館書店）や『花さき山』『ソメコとオニ』（岩崎書店）等多数が親しまれている。

（井上桂子）

物語

ご存じの○×ゲーム。やさしい問題からだんだんむずかしい問題に変えていく

全校
○×ゲーム大会

『ハリー・ポッターと賢者の石』 を宝島

◈ねらい

多人数の○×クイズ集会で物語を楽しみます。

◈対象・規模・必要な時間

小学生から／何人でも／ 15 分程度

◈用意するもの

問題を出す子どもの衣装や道具を工夫します。

◈進め方

①○と答えた人と×と答えた人が校庭の二つの場所に分れて集ま

ることにします。
②４つの寮に関係した○×問題を，最初に出します。
③グリフィンドール，ハッフルパフ，レイブンクロー，スリザリンの４人の子どもがマントを身につけ登場します。
④最初は簡単な問題から出し，次第に難しくしていきます。
⑤間違えた子は，その場に座ります。

◈ワンポイント・アドバイス

- 最後まで正解だった子どもに拍手を送って終わる。
- ほうきや杖を持ってみたり，登場人物に似た衣装を身につけたりして，楽しむ。
- １年生でもわかる問題を出し，次第に読んでいないとわからない問題を出していく。
- 問題づくりは集会委員会の子が，知恵を出し合って作る。
- 全校から募集するのもよい。

◈発展編

この他にも次のような「ハリー・ポッターでアニマシオン」が考えられます。
《こんな魔法語があったら》
子どもたちに魔法語を作らせ，どんなときに使うのか聞きます。
《こんなお菓子があったら》
こんなお菓子があったら楽しいなあというのを考えさせ，絵に描いてもらいます。
《こんな家があったら》
料理を作ってくれる台所など，こんな家があったら住みたいなあというのを考えます。
《こんな学校があったら》
エレベーターや遊園地のある学校というような施設関係から，こんな学校だったら楽しいなあというのも出し合います。
《こんな生き物がいたら》

問題例

問　　題	○か×	正　　解
ハリーのおでこにある傷は，星型である。○か×か。	×	いなずま型
列車の中で，かえるチョコの中に入っていた写真は，ダンブルドア校長先生である。○か×か。	○	
ハリーを憎んでいるのはバルヴェモートである。○か×か。	×	ヴォルデモート
ハリーのほうき「ニンバス2000」は，学校からもらったものである。○か×か。	○	
ホグワーツ特急は 11 時発。○か×か。	○	
ロンは将棋が得意。○か×か。	×	チェス
ハリーと一緒にマルフォイは，減点されたことがある。○か×か。	○	
グリンゴッツの金庫には賢者の石が入っていたが，金庫の番号は 711 番である。○か×か。	×	713 番
寮対抗杯で，グリフィンドールは 458 点だった。○か×か。	×	482 点

こんな生き物がいたら仲良くできるなあというのを絵に描いて，発表します。

《こんな魔法の薬があったら》

変身できる薬や空を飛べる薬など，夢のある薬が考えられます。

《つくってみよう「ハリーポッターの世界」》

全校児童集会（子ども祭りなどでの学級コーナー）や学級行事などで，子どもたちが考えた「ハリー・ポッターの世界」で遊びます。クィディッチをまと当てゲームに改良したり，ホグワーツ行きの列車を走らせたりします。

（緒方敬司）

物語

バラバラになった扉のことばを物語の順にもどす

13の扉

『注文の多い料理店』を宝島

◈ねらい

物語への関心を高め，読む前に物語の展開を推測する力を高めます。

◈対象・規模・必要な時間

小学校5，6年生から／30人程度がまとまりやすい／1時間くらい

◈用意するもの

本／短冊型の紙（グループごとに）／のり／マグネット／黒板

◈準備

①扉のことばを一つひとつ書いた短冊型の紙（グループに13枚1セットずつ）

②色画用紙（4つ切り大。グループに1枚ずつ，色を変えて）

③扉のことばを書いた紙を拡大したもの（ポスタープリンターで）

◈進め方

①『注文の多い料理店』の冒頭から「二人は戸を押して，なかへ入りました。そこはすぐろうかになっていました。そのガラス戸の裏側には，金文字でこうなっていました」までを読み語ります。その際，「どなたもどうかお入りください。決してご遠慮はありません。」ということばを書き出して拡大したものを，黒板に貼ります。

②「この後も，次々と扉が出てきて，全部で13のことばが書かれています。今から，それらのことばを1つずつ書いた13枚の紙を，グループごとに配るので，各グループで順番を考えてください。順番が決まったら，自分のグループの色画用紙にはってください」

③全グループ，作業が済んだら，黒板に貼って説明をします。

④もう一度冒頭から読み語りをしていきます。語りながら，ことばを拡大した紙を順に貼っていきます。

◈ワンポイント・アドバイス

•この作戦は，物語を読み終わった後，読んだことをめぐってする活動ではなく，読む前に話の展開を推測するという特徴があります。その上でどんな展開なのか問題意識をもって読み語りを聞いたり，自分で読んだりすることになるので，たいへん集中して聞いたり読んだりすることになります。

•ですから，この作戦では，あえて扉のことばを解釈することは，入れてありません。(扉のことばの解釈は，別に時間をとっ

た方がいいでしょう。でも，アニマシオンというよりも，国語の授業になってしまうでしょう）

• 東京書籍の教科書版では，山猫軒の玄関のさし絵に，ある謎が……。

作品（宮沢賢治 作，テキストは東京書籍６）

２人の若い紳士が，猟をしようと山奥に入った。ところが，あまり山がものすごいので，連れてきた白熊のような犬が泡を吐いて死んでしまった上に，道に迷ってしまう。その時，立派な一軒の西洋造りの家に行きあたる。玄関には，西洋料理店山猫軒の札と「どなたもどうかお入りください。決してご遠慮はありません。」の文字が。腹ペコの２人は，中へ入っていく。そこには，扉（13 ある）とそれに書かれたことばが次々と彼らを待ち受けているが，２人はそれらを自分たちの良いように解釈して，奥へ奥へと進んでいく。するとそこには……。そして２人は……。賢治が生前刊行した唯一の童話集『注文の多い料理店』。その広告チラシなるものが残されています。そこに賢治は，『注文の多い料理店』についての説明をこう書いている。「二人の青年紳士が猟に出て路を迷ひ『注文の多い料理店』に入りその途方もない経営者から却って注文されてゐたはなし。糧に乏しい村のこどもらが都会文明と放恣な階級とに対する止むに止まれない反感です」

（菊池一朗）

物語

せりふ一つで微妙に変わる登場人物の気持ちを創作

ここでひとこと

まんが『紙の砦』を宝島

◈ねらい

せりふをつくることで登場人物の気持ちを考えます。

◈対象・規模・必要な時間

小学校高学年〜中学生／30人くらいまで／50分以上

◈用意するもの

設問にするコマの絵（せりふのある場面はせりふを消しておく）／吹き出しを書いた用紙

◈**進め方**

①あらかじめ本（漫画）を読んできます。

②主な登場人物の名前や簡単なあらすじを確認します。

③せりふを抜いた絵のコピーを提示します。

④（もともとせりふがあった場面の場合）「このとき，あなただったらどんなせりふを書くかな。このときの気持ちがよくわかるように，ことばを入れてください」

（もとはせりふがない場面の場合）「ここにはもとは何も書いてなかったのですが，この人はどんなことを考えているか想像してみましょう」

⑤吹き出しを書いた用紙を配りそこに書き込むよう指示します。

⑥一つの吹き出しについて，自分の書いたことばを全員に発表してもらいます。

吹き出し用紙

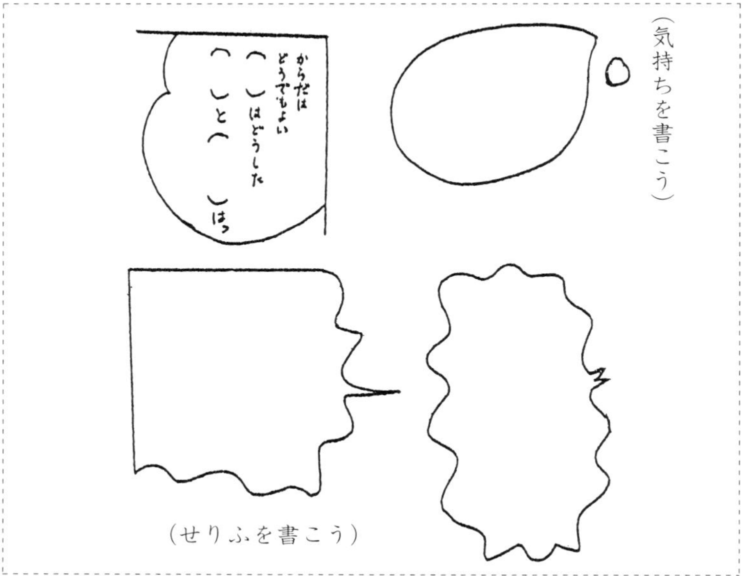

問題にするコマ（絵）の例

◈ワンポイント・アドバイス

- ゆっくり進められるのは50分で2コマくらい。
- 発表された言葉を黒板に書き出して「これは，なかなか！」と思うものを選び，手を挙げるなどして一票を投じてみましょう。

黒板に書き出すことで，その場面の感じ方の微妙な差がみえてきます。また，自分の作ったせりふを支持してくれる人がいるということも励みになります。

• 同じ本に収録されている『1985 年への出発《たびだち》』という作品は，３人の戦災孤児が 1985 年にタイムスリップし，大人になった自分たちが「戦闘玩具」を作る会社で儲けている姿に出会い驚きます。そこで，もとの時代に帰って人生を出直す決意をし，一人ひとり別の道をいくことにし，「1985 年にまたあおうなーッ」と別れるところで終わっています。この作品を使い，新しくこの３人がどのような道を生きたかを創作するというのを，この後の作戦にすることもできます。

《子どもの感想》

• 吹き出しの中を想像するといろいろなことばが浮かび上がりました。発表し合うとみんなそれぞれで「なるほど」と思うことや「そうかな」と思うこともありました。とても楽しかったです。

• ぼくは，戦争の映画をよくみるけど，このお話はとても戦争のことについて考えさせられるマンガでした。アメリカ兵を主人公がなぐろうとするところは，とくに考えさせるところだと思います。ぼくならアメリカ兵を助けたりできたかなぁとか，もしかしたら本当になぐったかもしれないなぁなどものすごく考え，今後のぼくの人生に生かしたいと思います。

• このやり方は，人の気持ちになって，自分だったらこういうときなんて言うかを考えると，全員の意見が似ているようだけど少しずつ違うのでおもしろかった。

作品（手塚治虫名作集１『ゴッドファーザーの息子』収録，集英社文庫）

（**大谷清美**）

物語の文章とさし絵を組み合わせなおし，順序通りに並べなおすゲーム

GAME ★ 1

二人三脚でGO！

GAME ★ 2

この色が好き

『海のいのち』 を宝島

◈ねらい

バラバラになったさし絵と文を組み合わせ元通りに並べ換え，ストーリーを把握します。

◈対象・規模・必要な時間

小学校高学年から／何人でも／１時間程度

◈用意するもの

さし絵コピー／文カード／海の色カード

◈準備

①『海のいのち』は，見開き１ページに文章とさし絵が描かれています。全部のページをカラーコピーし，絵と文に分けてカードにしておきます。

②また，絵の美しい色の部分だけを抜き出してＢ６くらいにコピーしたものを準備しておきます。

◈進め方

本は事前にしっかり読んでおくか，アニメーター（アニマドール：子どもと本の仲介役）がゆっくりと読み聞かせをしておきましょう。

二人三脚でGO！

①16枚のさし絵と本文をバラバラにしたカードを１枚ずつ配ります。人数が多いときは二人組にしてもかまいません。全員配られてから，自分のカードをよく見て（読んで）物語のどの部分かを考えます。

②さし絵チームと本文チームで向かい合います。本文チームの先頭の子が自分のカードを読み上げます。その場面のさし絵だなと思った子は手を上げ本文とペアになります。

③本文チームの２番目の子がカードを読み上げます。同じようにその場面のさし絵だなと思った子とペアになります。

そして，自分たちのペアのほうが先頭のペアより前のものだと思ったらそのペアの前に，後ろだと思ったら後ろに並びます。このようにして，子どもたちは自分のカードを読み上げた後ペアになり，その文章が位置すると思ったところに入ります。二人で相談して並び直すのもいいですね。

④全員並び終えたら前のペアから順にもう一度読み上げていきます。ここで子どもたちが相談して順番を並び換えてもOK。

⑤最後に，もう一度お話を確認します。

⑥次に，いろいろな海の色カードを黒板などに貼っていきます。
⑦『海のいのち』は伊勢英子さんの美しい海の色がたくさん出てきます。カードもたくさんあると素敵です。
⑧子どもたちは，自分の一番好きな海の色カードを見つけます。
⑨どうしてその海の色が好きなのか，好きなところをアピールしましょう。
「私の好きな色だから。オレンジ色が好き」「きれいな色だから」「きらきらしていて希望が持てそうな色だから」「私もこんな色を見てみたい。こんな色に染まってみたい」「同じ青でもいろいろな青がある。暗い色だけれど，こちらの青が好き」
⑩海の色はその人の心を写すことに気づくとすばらしいです。太一の心と結びつけて海の色を見ていくのもいいかと考えます。
⑪みんなで美しい海の色に浸って「海のいのち」とは何なのかを考えていきたいです。

作品

この作品は，同じ立松和平・伊勢英子による『山のいのち』に続く作品である。光村図書の 6 年生の教科書にも取り上げられている。教科書では，さし絵が少なく編集の仕方も違うので，取り上げるならぜひ絵本で取り上げたい作品。『山のいのち』（ポプラ社）『街のいのち』『田んぼのいのち』『川のいのち』（くもん出版）『いのちシリーズ』どの本でも楽しく学ぶことができる。

（根岸由美子）

物語

物語のなかの音や声を自分のことばで表してみる

きみも
ホンヤク家

『月夜のみみずく』を宝島

◈ねらい

いつもなら寝ている時間，父さんと森へゆく「わたし」に合わせて息を吸ったり吐いたり。あれ？　今のって，みみずく語？　英語？　物語のなかの音や声を五感で受け止めます。

◈対象・規模・必要な時間

5歳くらいから大人まで（いろんな年齢層が混ざっているともっと楽しい）／何人でも／ 50〜60 分程度。

◈用意するもの

さし絵コピー（文字を消したもの）／なるべく人数分の本，できれば英語の原本も。

（進め方の⑤⑥には，それぞれ supper woods moon cold と書かれた4枚のカードを用意しておくと便利）

◈準備

①なるべく各ページのさし絵を拡大コピーして用意しておきます。

②参加者2～3人に1冊くらいの割合で本が渡ると理想的。

◈進め方

前もってみんなが本を読んできているのなら，すぐに①へ。または円になってお話を聴きましょう。

①「どんなお話だった？」物語のなかの色・匂い・肌触り・音などを手がかりに，お話を再現。

②拡大さし絵（または手元の本）を見ながら，それぞれのページの音と声にもう一度「注耳」。静かな様子が丁寧に描かれているぶん，声や音が響く。それがいっそう静けさを深めることに気づきます。

③とうさんとみみずくの話をみみずくの声でやってみましょう。気持ちをこめて，できたかな？

④「どうしてわたしは，とうさんとみみずくの話が『森のくらし』や『月』や『さむい夜』のことだと思ったんだろうね」

何となく？　夜だから？　冬だから？　アイディア交換タイム。

⑤「とうさんとみみずくが親しそうだったから」「気軽に話してる感じ」なるほど。じゃあ目をつぶって，もう一度みみずくの歌声をやってみよう。あれ？「ほうーほう　ほ・ほ・ほ　ほーーーう」の「ほ（ォ）」や「う（ゥ）」と，森の「も（ォ）」，月の「つ（ゥ）」，さむい夜の「む（ゥ）」「よ（ォ）」「る（ゥ）」は音が似てるね？（「オ」段と「ウ」段の音として重なっていることを「発

見」できたら，素敵）
（このあと⑥を飛ばして⑦に進んでもよい）
⑥「ところで，この本を書いたヨーレンさんはみみずく語と英語が話せます。ヨーレンさんは『月夜のみみずく』を英語で書きました」 supper woods moon cold のカードを取り出し「英語の本では，とうさんとみみずくの話に，これが登場します。やっぱり，みみずくの歌声と同じ音。どんな音だろう？」思い思いに読んでみましょう（ワンポイント・アドバイス参照）。
⑦物語の最初に出てくる汽笛と犬の声など，他にもみみずくの歌声に重なる音があることを「発見」できたらいっそう素敵。
⑧さし絵を拡大コピーして，自分たちで絵を塗って紙芝居にするのも一案。

◈ワンポイント・アドバイス

• supper（さ[ァ]っぱぁ，夕食）の「ァ」は，朝慌てて家を出て駅に着いたところで定期を忘れたことに気づいたときに口をついて出る「あ」（口の形は半開きに近い。「あ」と「お」の中間くらいの音）。
woods（ゥっず，森），moon（むゥうん，月）cold（こゥるど，寒い）の「ゥ」は，唇を突き出してキスするときの形で。
どの音も，みみずくの歌声の「ほ」と「う」に重なりますね。
• 静かなひんやりした夜に流れる「オ」段と「ウ」段の主旋律（汽笛も犬の声も「オ」と「ウ」の音ですよね）。ときたま他の音がすると（しゃりしゃりいう雪，わたしのため息，「わたしたちもかえろう」），これがアクセントとなって物語が先に進みます。

作品（J・ヨーレン 詩／J・ショーエンヘール 絵／くどうなおこ訳，偕成社）
原作者のJ・ヨーレンも訳者の工藤直子も作家で詩人。絵の担当はベテラン自然画家のJ・ショーエンヘール。いのちのふところに抱かれたこの作品は，国境や言語の違いを超えて誰もが味わえる深さを持っている。音と声にスポットをあてたこの作戦のほかにも，作品中にちりばめられている対になったイメージとことばや底に流れる円環のイメージなど，いくらでも探検・発見のできる作品。また中学生以上であれば，美しくやさしいヨーレンさんの英語にもっと焦点をあてるのも楽しいもの。ここに書ききれなかった作戦については，tohnomasako@hotmail.com までどうぞ。
おまけ：ヨーレンさんのホームページ（http://www.janeyolen.com/）

（東野雅子）

物語

GAME★1
ダウトをさがせ
GAME★2
この人いたかな？
GAME★3
ことばは語る

1.音読を聞きながら読み違った部分を正しくなおす。
2.この人は「いたかな，いなかったかな」
3.場面や人物の心情を説明する

『走れメロス』 を宝島

ダウトをさがせ

◈準備

アニメーターがあらかじめ「ダウト」として読み違えるところを決めておきます。表現上のポイントやキーワードなど注意を向けたいことばを読み違えておくように工夫します。

◈進め方

全文を一通り読んだ後に行うゲームです。

①「ダウトをさがせ」のやり方を説明します。読みあげる文章を

聞いて，読み間違えている場所がわかったら「はい」「ダウト」と言って手をあげます。

②間違えたところが正しくはどうなるのかも確認して進めます。

◈ワンポイント・アドバイス

①読み違える場所が多すぎると文章がわからなくなってしまいます。また，明らかに違うものも入れておくと皆が楽しめます。

②答えには「そう，○○でしたね」のように確認を交えながら進めるとより効果的です。

ダウト文

（下線部が読み違えた部分）

> 「わたしだ，官吏！　殺されるのはわたしだ。メロスだ。彼を①置き去りにしたわたしは，ここにいる！」と，かすれた声で精いっぱいに叫びながら，ついにはりつけ台に上り，つり上げられてゆく友の両足に②すがりついた。群集はどよめいた。あっぱれ。ゆるせ，と口々にわめいた。セリヌンティウスのなわは，ほどかれたのである。「セリヌンティウス。」メロスは目に涙を③ためて言った。「わたしを殴れ。力いっぱいに……

【答え】①人質　②かじりついた　③浮かべて

この人いたかな？

◈準備

登場人物を書き出して，そのうち何人かは異なった名前に変えて「登場人物リスト」を作ります。どこかで聞いたような名前に思わず迷ってしまいます。違っているものは正しく直したり，どこに出てきた人，何をした人かなどの説明も書き加えられるようにしてもいいでしょう。

◆**進め方**

全文を一通り読んだ後に行うゲームです。

①「登場人物リスト」の紙を配布します。

②作品に登場している人には○，名前が違っていたら訂正をし，まったく登場しない人には×をつけます。

③順番に登場していたかどうかを発表していきます。

この人いたかな？

作品中に登場していた人には○をつけ，名前が間違っている人は正しく直し，どんな人か説明を右側に書きなさい。また登場しない人には×をつけなさい。

人　物	○か×	説　明
ディオニソス		
ペガソス		
セリヌンティウス		
ミノタウロス		
オリンポス		
シラクス		
フィロストラトス		
少女		
老爺		
おかみさん		
若い衆		

人　物	○か×	説　明
アキレス		
ヘラクレス		
大工		
石工		
老婆		
山賊		
盗賊		
旅人		
女王		
警吏		
少年		

言葉は語る

◈準備

画用紙の縦半分に文章中から特徴のあることばやポイントとなるフレーズを書き抜いて，グループ数分用意します。

◈進め方

全文を一通り読んだ後に行うゲームです。

①３人１組のグループを作ります。各グループに１枚ずつ「ことばカード」を伏せて配ります。

②全グループに配られたらカードを開き，そのカードのことばやフレーズが，どの場面のどんな状況で，誰のどんな気持ちを表しているのかをグループで話し合います。

③各グループごとに順番に前に出て，ことばのカードを見せて説明をしていきます。

④発表グループの説明後に，まださらに詳しく付け加えたいグループは，挙手して付け加えることを発言します。

⑤全部のグループが発表したら，作品の展開順にカードを並べて，場面展開や人物の気持ちの変化を追ってまとめとします。

◈ことばカード例

☆黒い風のように走った。

☆ああ，神々も照覧あれ！

☆「ああ，メロスさま」

☆悔しくじだんだ踏んだ。

☆若い衆は首を振って答えなかった。

☆好きな小歌をいい声で歌いだした。

◈ワンポイント・アドバイス

初めの約束：重複する内容は付け足しとして認めません。カードの言葉の場面とかけ離れた説明も認めません。

（伊藤美佐子・廣畑環）

物語

作家のことば選びを再体験するゲーム

ひと味ちがう

小説『鼓くらべ』を宝島

◈ねらい

「あ，ちがってる！」という発見が正確に読み取ることを楽しくさせます。記憶力，集中力，観察力をみがきます。

◈対象・規模・必要な時間

中学生／何人でも／ 50 分

◈用意するもの

書き換え文（＝変装文）をプリントした用紙

◆進め方

第１章（約３ページ）を読んだ後に行うゲーム。

①あらかじめ読んでいる文章だが，一度読んでやるか，読み直しする時間を設けてもよい。

②変装文のプリントを配り，それぞれの文章の中に書き換えられた箇所が１～２あること，見つかったら横に線を引くこと，もし思い出せたらもとの表現を並べて書くこと，あわせて思いついたオリジナル表現も書きとめることを指示します。

③全員書き終わったら，それぞれの結果を発表。一つの文章につきいくつも答えを出して，受ける印象の違いなどを比べると楽しい。

④発表が終わったら，もとの文に戻ってみましょう。作者が選んだことばの味は，いかが？

◆書き換え文の例（左が書き換え文，右がもとの文）

1　「春の光」←—「小春日の光」

……小春日和という言葉があって，秋の春らしい日のことなんですよね。

2　「おおかたは枯れた籬《まがき》の菊のなかに，花が一輪だけ，」←—「おおかたは枯れた籬の菊のなかにもう小さくしか咲けなくなった花が一輪だけ，」（後略）

……この句を入れると季節のようすが想像できますね。

3　「お留伊は小太鼓を打っていた」←—「お留伊は小鼓を打っていた」

……題名からしてわかりますね。

4　「ガラスの壺のように冷たく」←—「ギヤマンの壺のように」

……江戸時代，オランダ語でダイヤモンドのことでした。そのダイヤをガラス切りに使ったことからガラスの古名，またその製品がギヤマンです。

5　「美しいというよりはすごい」←—「美しいというよりはす

さまじい」

……何でも「すごい」と表現しがちですが，どんなすごさか表す言葉はいろいろあるのですね。

6 「鼓の音はどうどうと」←—「鼓の音はとうとうと」

……「とうとう」にもいろいろあります。辞書を引いてみましょう。

7 「そろそろと身を起こした。」←—「おずおずと身を起こした。」

……そろそろより気持ちが入っていませんか。

8 「私は旅の絵師でございます」←—「私は旅の者でございます」

……ここでは，まだ「絵師」とまでは明かしていません。

9 「山形へ帰る途中」←—「福井へ帰る途中」

……後で舞台になってくる加賀の国と，老人が帰れなくなった福井との位置関係など考えるといいですね。

10 「右手をふところ手にしたまま」←—「左手をふところ手にしたまま」

……これは重要な伏線だったと，後でわかりますね。

◈ワンポイント・アドバイス

• 「書き換え文の例」のところの……の後に書いたものは，もとの文に戻るときにこんなことに気がついてもらえればいいかなと思ったことです。実際には「どうしてそのことばを作者は選んだと思いますか？」などと問いかけて，文章を綴るときの作家のことばの選び方を体験してみましょう。

• この作戦を他の作品で使う場合，短い作品であれば書き換えた文を入れて全文を提示してもよし，長い場合は次のように段落などで区切ったり段落でまとめたりして分けてもよい。

(a)「庭さきに暖い春の日の光が溢れていた。おおかたは枯れた籬の菊のなかに花が一輪だけ，茶色に縮れた枝葉の間から，あざやかに白い葩《はなびら》をつつましく覗かせていた。」

(b)「お留伊は小太鼓を打っていた。

町いちばんの絹問屋の娘で，年は十五になる。眼鼻だちはすぐれて美しいが，その美しさは澄み徹ったガラスの壺のように冷たく，勝気な，驕った心をそのまま描いたように見える。」

• 同じ場所について書き換えた文を二，三種類作り，もとの文と並べて書き出し，どれがもとの文かを当てるというやり方もあります。

• 「とうとう」と表現されている鼓の音ですが，鼓の実物や CD などで実際に聞き，どんな音に聞こえるかを自分なりのことばで表現し合うのもおもしろい。

• この後の 2 章，3 章は，順不同になっている文章のカードを元通りに並べ換えるゲームでストーリーを把握し，クイズで内容を深めるなどもよいでしょう。

作品（山本周五郎『松風の門』所収「鼓くらべ」，新潮文庫）

「芸術は，ひとのこころを楽しませ清くし高めるためにあるもので，誰かを打ち負かすための具に用いるものではない」という芸術観をひとりの不思議な老絵師と少女のふれあいの中に描く。教科書教材としても取り上げられていたことがある。

（大谷清美）

詩集

GAME★1

あてっこ詩

GAME★2

出会えてよかったね

詩の標題または一部を隠して，そこにうまくあてはまることばを相談する

こやま峰子詩集『ぴかぴかコンパス』を宝島

あてっこ詩

◈ねらい

詩の流れを確かめます。

◈対象・規模・必要な時間

小学生から／何人でも／30分程度

◈用意するもの

詩の一部を隠したプリント

◈準備

一部を隠した詩のプリントを人数分用意します。

◈進め方

①チームを作りましょう。３～５人程度が相談しやすいでしょう。一人ずつでもかまいません。

②用意したプリントを配って，隠してあることばを考えるように言います。

③チームは相談して，短冊に切った紙にマジックインキなどで（みんなに見やすいように）考えたことばを書いて，黒板に貼りだします。

④どのチームも揃ったら，なぜそのことばがふさわしいと考えたか，発表してもらいながら，みんなの意見も聞きます。

⑤最後に，作者のことばを示して，もう一度，みんなで読みます。

◈さあ，やってみましょう！

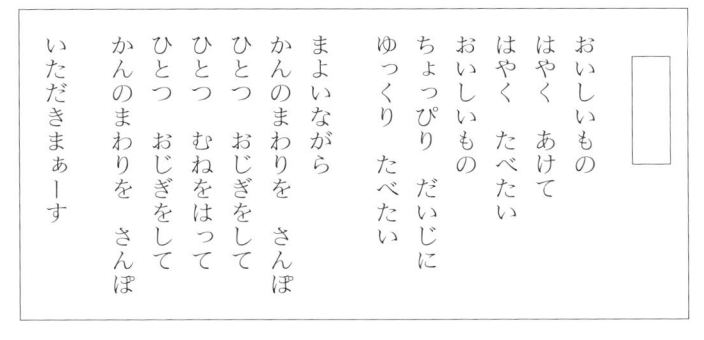

おいしいもの
はやく　あけて
はやく　たべたい
おいしいもの
ちょっぴり　だいじに
ゆっくり　たべたい

まよいながら
かんのまわりを　さんぽ
ひとつ　おじぎをして
ひとつ　むねをはって
ひとつ　おじぎをして
かんのまわりを　さんぽ

いただきまぁーす

（かんきり）

たんぽぽ

あれはね
のはらの　□
みみをすませば
きこえるでしょう
あたたかな
いのちの　うたが

（ひよこ）

◈ワンポイント・アドバイス

•標題を隠すとおもしろい詩，途中の一部を隠すとおもしろい詩，いろいろあります。アニメーターで相談するといいでしょう。

•正解を競うゲームではありません。いろいろな考え方がおもしろい発見になるゲームです。最後に作者のことばを示すときも正解としてではなく，「こやま峰子さんの考えはこうです」ということにとどめ，それぞれの考えたことばも詩を豊かにしていることを確認するようにしましょう。

出会えてよかったね！

◈準備

①標題を除いて，前半・後半に書き分けた（それぞれ２枚の）カードを参加者数（またはチーム数）用意します。「かんきり」の詩なら「おいしいもの〜ゆっくり　たべたい」と「まよいながら〜いただきまぁーす」の２枚。

②詩の表題を書いた短冊を黒板に張り出しておきます。

◈進め方

①カードは裏にして広げておきます。チームから一人がカードを引きます。

②みんなが引いたら，一人がカードを読み上げます。それぞれは，どのチームのカードが自分の詩の仲間か検討をつけながら聞きます。

③みんなが読んだらそれぞれ相手チームと併せて確かめます。そして，標題を考え，ふさわしい標題をとってきます。

④二つのチームがいっしょになって，その詩にふさわしい身体的な表現を加えた発表を工夫します（練習時間をおく）。

⑤進行係が標題を読み上げて「発表会」をします。

◈ワンポイント・アドバイス

ちょっと慣れてくると，とてもおもしろい「お楽しみ会」ができます。学校では参観日向きです！　１冊の詩集がこんなにも楽しめるのかという発見のできるゲームです。

作品（こやま峰子・小さな詩集『ぴかぴかコンパス』，大日本図書）
「おろしがね」「スプーン」「わゴム」「ワイパー」など，身近なものから思いをふくらませるファンタジーの詩集。金の星社から新たに『こやま峰子詩集』（全３巻）が出る。

　こやま峰子は，日本児童文芸家協会理事。絵本『にじいろのしまうま』『夢につばさを』（金の星社）『ねこの船』（自由国民社），翻訳『あいたかったよ』『自由』（朔北社）ほか多数。『地雷のあしあと』（小学館）などは，ユニセフなどの活動資金となるキャンペーンブックになっている。

（岩辺泰吏）

詩集

チーム を組んで，体全体でまるごと楽しむ。1冊の詩集が小劇場

ぼくらのパフォーマンス！

1冊の詩集が小劇場

◈ねらい

詩集で遊ぼう！　日本語のおもしろさを発見！　ことばのおもしろさを体ごと体験します。

◈対象・規模・必要な時間

文字が読めるようになったら／クラスでも，そのとき集まる仲間でも／ 15〜50 分

◈用意するもの

詩集

◈準備

①できれば全員に同じ詩集を用意したいのですが，いろいろな詩集を持ち込んで選ばせるところからスタートするのもおもしろいものです。ここでは，和田誠 作『パイが　いっぱい』（文化出版局）を使います。

②グループを作ります。何人でもかまいません。一人でも。好きなように仲間を作って，いろいろな組み合わせでチャレンジしましょう。

GAME 1　早口バトル

長めの詩で，間違えずに早く言い終える競争です。単純ですが，あんがい難しいのです。チームでも，個人戦でも楽しめます。

◈準備

①指定の詩を参加者数分用意して，配布します。

②ゴング（鐘）

◈進め方

①長い詩をひとつ指定します。例，この本では『アはアップルパイ』。45 行です。「アはアップルパイ／イはいそいで／ウはうかれて／エはえんりょして／オはおちついてたべた」というように五十音で食事が進んでいきます。

谷川俊太郎作『これは　のみの　ぴこ』もおもしろいですね。

こちらは 15 連の“つみかさねうた”ですが，それぞれの一連は一息で言い切っていくようにすると，さらにおもしろくなります。

②勝ち抜き（リーグ戦）表を作ります。

③練習期間をおきます。

④では，開始です。二人が並んで立ちます。レフェリーが「用意！」の声でゴングを鳴らします。「はっきり読む」「間違えたらそこから読み直す」がルールです。

⑤どちらかが読み終えたら，ゴングを鳴らします。レフェリーが勝者の腕を高く上げて確認します。
こうして，最終ラウンドまで進めます。

GAME 2　ステレオバトル

まったくタイプの違う二つの詩を同時に朗読して，楽しく，正確に読んだ方が勝ちとします。

◈進め方

①参加チーム，または個人は，朗読発表する詩を選んで，アニメーターに登録します。アニメーターは，長さが同じくらいで，しかしタイプの違う詩を選んで，バトルチームを決め，勝ち抜き戦の表を作ります。各チームは練習を開始しています。
②あるいは，あらかじめ二つの詩を指定しておく方法もあります。各チームはどちらになってもいいように，両方練習しなければなりません。緊張感も生まれます。対決直前にじゃんけんなどで決めるわけです。この詩集では，例えば2行ずつにぎやかに進む『がちょうはがあがあ』対4行ずつきれいに頭韻を踏んですすむ『はる　なつ　あき　ふゆ』などが使えます。
③二つのチームは，少し離れて，並んで立ちます。レフェリーの「用意！」かーん！　のゴングで同時に読み始めます。
④チームは，自分の詩は正しく読まなくてはいけませんが，相手側を惑わすようにリズムやテンポを工夫します。
⑤両方が読み終わったら，審査員（5人程度を決めておきます）にどちらを勝ちとするか札を上げてもらい，多数側が勝ちとなります。
＊個人戦のほうが惑わされたり，平然と読んだりと，おもしろさがはっきり現れます。しかし，慣れてくると，チームで工夫するようになっておもしろくなります。

GAME 3　ラップでバトル

即興の曲に乗せて歌って踊って競います。

＊詩『おどろき　もものき　さんしょのき』などは，ラップのリズムに乗りやすく，わかりやすいので身体表現を工夫するのにも楽しめる詩です。

GAME 4　輪読バトル

円形になって座ります。一番から順に一行，または一連ずつ読みます。次々と続きを読んでいきます。「正しく」「楽しく」「はっきり」朗読しましょう。ちょっとリズムを変えて読む子が出ると，次の子がふっと調子を崩されてしまうことがあります。そこが「楽しく」のポイントです。

この詩集を全員分用意できれば，１冊をまるごと読んでいくといいでしょう。「連」の区切りを教えておきましょう。

GAME 5　追いかけバトル

輪唱風に一行，または一連だけ遅らして，次々と読んでいきます。チームでやると，“団結力”が現れておもしろくなります。

二つのチームの対決でも，全部のチームが次々スタートするのでもできます。慣れてきたら，後からスタートしたチームが追いかけて，追い越し読みを競うのも緊張感が出ておもしろいです。

GAME 6　詩集劇場

さあ，総仕上げです。一人でも，何人でも参加できます。好きな詩を好きな方法で「大道芸人」となってパフォーマンスします。

◆進め方

①「詩集劇場発表会」の日時を予告します。

②参加希望者は，詩を選んで仲間を募り，さまざまな工夫をして発表会に備えます。

③参加者は，選んだ詩を所定の用紙（画用紙を縦長に短冊に切っておきます）に，タイトル，発表者を書いて張り出します。
④審査員を５人程度選んでおきます。審査基準を予告します。例，「楽しい（工夫)」「美しい（態度が気持ちよい)」「わかりやすい（声の大きさや，伝える工夫)」の各基準ごとに３，２，１点とするなど。
⑤進行係が順番を決めて，タイトル表を張り出します（タイトル表も審査の対象にすると楽しい短冊ができます)。
順に発表し，進行係が「楽しさ」と言ったら，審査員は「３」「２」「１」のいずれかの札を上げます。集計係が計算して合計点をタイトル表に書き込んでいきます。
⑥最高得点チームが「今回の優秀発表賞！」です。「アンコール！」の拍手とともに，もう一度発表する特権を得ます。
ミニミニ学芸会の雰囲気です。

作品

最近は遊ぶ詩が増えてきた。どんな詩集でもできるが，安く全員が購入するのには，谷川俊太郎『わらべうた』（集英社文庫）や，学校で扱う教材会社の中にも詩集がある。詩で遊ぶということでは，岩辺泰吏編著『子どもたちに詩をいっぱい――暗唱・群読・ことば遊び 85』（旬報社）がある。

（岩辺泰吏）

お話づくりとリスニング

ほねホネうた

『ひょっこりひょうたん島』を宝島

◈ねらい

みんながよく知っている歌で日本語ともっと仲よしになります。

◈対象・規模・必要な時間

小学校中学年以上／何人でも／30分から

◈用意するもの

ほねホネ歌詞カード（2セット）

◈準備

だれでも知っている歌を選んで，元の歌詞がわからないようにつなぎことば(いわゆる助詞・助動詞など)以外を伏せたほねホネ・カードを作ります。同じものを2枚ずつ。読みやすい大きさに。

◆進め方

①グループに分かれて，ほねホネ・カードを分担します。

②グループのみんなで考えながら，カードの下線部を埋めてみましょう。分担カードを全部つかってお話ができたら素敵。カードの組み合わせは，好きな順番で。

③発表タイム！　ふりをつけるなど，グループごとに工夫を凝らします。

④2セットめの何も書き込まれていないカードを出して「では，もとになった曲をかけます。担当のほねホネカードが出てきたら，前にきて並んでね」。カードは何人で担当しても OK。

⑤つなぎことばに「着耳」しながら歌をききましょう。担当カードが歌われたらダッシュ。前に出ても油断は禁物。繰り返し登場するカードが，結構あります。

◆さあやってみましょう！

ほねホネカード　その1

| ______は______ | ______を______ | ______も______も______ |

| ____は______だ______ | ______の______に______が______ |

だけど | ______は______ |

6枚のカードをどう分担するかは自由です（たとえばグループごとに好きなカードを好きな枚数えらぶなど）が，前に並ぶ代表者を決めるなどして頭と頭がごっつんこしないような工夫を。

これも皆さんご存じの歌。カード全部を使ってお話をつくってみましょう。

ほねホネカード　その２

＿＿＿と＿＿が＿＿＿	＿＿＿も＿＿＿
＿＿＿と＿＿＿と＿＿＿＿	どうして＿＿＿が＿＿＿

◈ワンポイント・アドバイス

●ほねホネ・カードは順番をバラバラにして渡しましょう。お話をつくるときに，なるべくもとの歌がわからないように。

●慣れてきたら，ほねホネカードづくりにも挑戦しましょう。どのことばを残して，どれを残さないかによってイメージのふくらみ方が変わるのを楽しみます（残す言葉によって，おもしろい展開にもつまらない展開にもなるという違いも楽しみのうちです。大いに試行錯誤や「失敗」をしましょう！）。

●最後に「元歌」をかけるのは，文字を通して注目した文の形を耳で味わい直すため。言うまでもなく「正解」ではありません。

●助詞・助動詞といった「つなぎことば」は，日本語のコミュニケーションが豊かな陰影をもつためには欠かせません。けれど名詞や動詞のようにイメージがはっきりしないため，なかなかスポットライトを当てにくい。ほねホネカードでおはなしをつくったり耳を澄ませることで，「は」や「の」や「が」と仲よくなれます。

●ほねホネカードその１の『ひょっこりひょうたん島』は作詞が井上ひさし・山元護久さん，作曲が宇野誠一郎さん。その２は作詞が阪田寛夫さん，作曲が大中恩さんの『お腹のへるうた』でした。たった４つのシンプルな文の形を連ねて，あの唄ができてしまう。こんな「文中韻」の踏み方ができる日本語で，もっと遊ばない手はないでしょう？

（東野雅子）

写真集

アフガニスタンってどんな色？

写真の一部を隠し，隠された写真から想像し，考えを出し合うゲーム。アフガニスタンの色にこだわってみた

『子どもたちのアフガニスタン』『ワタネ・マン』 を宝

◈ねらい

隠された部分を想像することにより，アフガニスタンの実像に迫ります。

◈対象・規模・必要な時間

小学校高学年くらいから／準備ができれば何人でも／ 40 分程度

◈用意するもの

長倉洋海さんの写真集『子どもたちのアフガニスタン』『ワタネ・マン』からの写真

◈進め方

❶

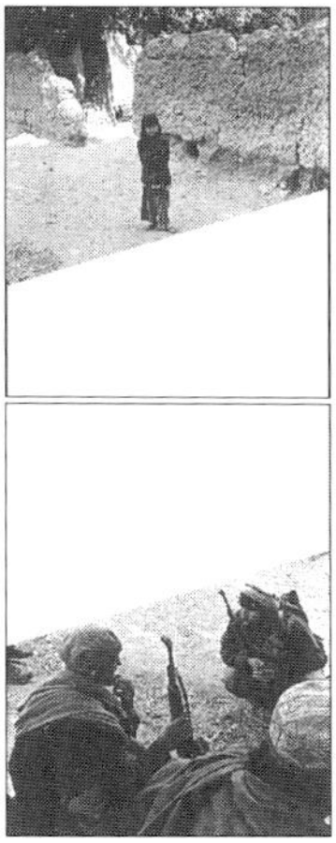

①まず，子どもたちに「アフガニスタンってどんな色？」「アフガニスタンを色で表したらどんな色になる？」と聞いてみましょう。「黄土色」「灰色」「土の色」などと答えるのではないでしょうか。

②『子どもたちのアフガニスタン』21ページの写真の下の部分を隠した写真を見せます❶。そして，「この下の絵を想像してみよう」と言って，紙を配り描いてもらいます。

③描けた絵を発表します。理由を聞きながら，黒板や前に貼り出しましょう。

❷

④「写真集はこうなっているよ」と隠していた下の部分を見せます。

⑤同じような手法で，さし絵２，３ページの写真を次のように隠し，周りの風景を描き，発表してもらいます❷。

⑥隠しておいた絵を見せます。ここはこの作戦のポイントになるので大げさにやりましょう。

⑦次に写真集『ワタネ・マン』の写真をじっくり見せましょう❸。

❸

⑧最後に，「もう一度聞きます。アフガニスタンってどんな色？」と聞きます。

◈ワンポイント・アドバイス

「アフガニスタンの人口は？」「戦争は何年間続いたでしょう？」などの簡単なクイズをはじめにやるとアフガニスタンの概略がわかるかもしれません。

長倉氏の次の文章もどこかで紹介したいと思います。
「1999 年，タリバーンの爆撃が続くパンシール峡谷で，子どもたちに『怖くないの？　どうして逃げ出さないの』と聞いた。『だって，ここが好きなんだ。川泳ぎ，木の実採り……。楽しいことがたくさんあるよ。おじさんは自分の国が好きじゃないの』と逆に質問された。大人ばかりでなく子どもたちも故郷を愛している」（『子どもたちのアフガニスタン』）「美しい光景を思い出すたびに，『これがわたしの国アフガニスタン』『これがぼくの故郷アフガニスタン』という子どもたちの誇らしげな声がきこえてくる」（『ワタネ・マン』）

作品（『子どもたちのアフガニスタン』岩波ブックレット／『ワタネ・マン』偕成社）

22 年間にわたってアフガニスタンを訪れ，そこに生きる人々を見続けてきた長倉洋海。氏の写真集からはアフガニスタンの自然や生きる人々への深い愛着が感じられる。何よりもその写真集から感じることは緑の美しさである。これは私たちがマスコミから得るアフガニスタンのイメージとかなり違うのではないかと思う。ゲームなしに写真を見るだけで十分だと言える写真集，そんな写真集を，この緑の色にこだわってゲーム感覚でじっくり見ていくのも，また違ったよさがあるのではないかと思う。

（笠井英彦）

アマゾンの伝言

アマゾンに生きる先住民の伝言を写真を見ながら想像していくゲーム

『人間が好き』　を宝島

◈ねらい

『人間が好き　アマゾン先住民からの伝言』は「先進国」日本に生きる私たちに多くのことを教えてくれる写真集です。１枚１枚の美しい写真を見るだけで人間が生きるということを考えさせられるのですが，もう一つ，写真の横に書かれた先住民の伝言は，私たちにとって貴重なことばだと言えます。この伝言を写真とともに学ぶ，それも楽しく学ぶのがこの作戦です。写真と伝言をじっくり読み取ることがねらいです。

◆**対象・規模・必要な時間**

小学校高学年くらいから／準備ができれば何人でも／40分程度

◆**用意するもの**

写真集

◆**準備するもの**

ここではこの写真集を切り離して使います。アマゾン先住民の伝言カード（『人間が好き　アマゾン先住民からの伝言』から伝言を拾って作成）

◆**進め方**

① 12ページを見せて説明します。「ここは南アメリカ大陸のアマゾン川です。世界で2番目に長い川です。このまわりの森で暮らしている人々がいます」。次に13ページの写真を見せます（上の日本文は隠しておきましょう）。「これはアマゾンの先住民の家です。気がつくことはありませんか。そう，丸いですね。なぜ丸なんでしょうか。自由に考え発表してください」

②では伝言ゲームを始めましょう。

「8枚の伝言カードはどの写真と結びつくでしょうか。グループで考えながら写真と伝言を結びつけてください」と，写真集から切り離した写真をグループに配り考えさせる。写真集のことばはすべて隠しておきましょう。

◆**伝言カード**

・村どうしの対立があったときは，丸太かつぎ競争をします。勝ち負けがきまれば，それ以上は，争いません。

・わたしたちは自然の一部，緑の木々はわたしたちの兄弟です。

• 地球には，なにひとつむだなものはない。どれにも存在する意味がある。山も川も呼吸し生きています。

• 人々がもっとも求め，喜ぶものは，ものではなく，人間なのです。すべてをさしだし，もてなし，そばにいてもらおうとします。

• 人はそれぞれ，かがやきを持っている。だが，それは憎しみ，ねたみ，暴力によって失われていく。そうなれば，祖先や精霊が，私たちをよい方向に導けなくなってしまう。

• 村人たちのへその緒がうめられた中央の広場は「人間の根っこ」と呼ばれている。そこで男たちが踊り，子どもたちが遊ぶ。自分たちがどこからきたのかをいつも忘れないように。

• 森があれば生きていける。子孫には森のほかには，財産は残しません。

• 人間は鳥のように，静かに地球を通りすぎていくことができます。どうして自分の足跡を記念碑などの形にして残そうとするのでしょう。人間をふくむ宇宙そのものがすばらしく偉大な創造物なのに。

③ここまでやったら写真集の写真を初めから終わりまで見せます。そして,「この写真集全体のタイトルを考えましょう」と短冊を1人1枚配り,それぞれが思いつくタイトルを書いてもらいます。全員ができたところでタイトルを前に貼り,理由をつけて発表していきます。「長倉洋海さんはこのタイトルを『人間が好き』とつけています」と紹介して終わります。

◈ワンポイント・アドバイス

「人々がもっとも求め,喜ぶものは,ものではなく,人間なのです」に象徴されるように,「先進国」日本が明治以来,財を増やすことを目的として生きてきたのに対して,アマゾンの先住民の生き方は,対極にあると言えます。それだけに今,この一つひとつの伝言は,私たちが人間として忘れてしまった大切なことなのかもしれないという思いがするのです。そこでここでは写真と伝言をテーマとして作戦を組んでみました。

作品(長倉洋海写真集『人間が好き　アマゾン先住民からの伝言』福音館書店)

この作品は長倉洋海が,1993年から1996年にかけて撮影したアマゾン先住民の写真集である。この写真集の終わりにあるアマゾン先住民の自立運動をすすめているアユトン・クレナックの言葉もとても心に響く。「地球の裏側に住むあなたと,いま,宇宙や自然破壊の話をしている。あなたが国に帰り,あなたの家族,友達,親類,町の人にインディオの思いを伝えていけば,なにかが少しずつ変わっていくんじゃないか」

(笠井英彦)

GAME★1

俳句ドッキング 名句メイキング

GAME★2

わんにゃん語 俳句作り

分けた俳句を組み合わせたり，俳句の上の句・中の句を見てその続きを考えたり，「わんにゃん語（どうぶつ語）」で俳句を作るゲーム

「日本の俳句」を宝島

◈ねらい

俳句に親しみ，俳句（詩）心や言語感覚を育てる。俳句は，日本独特の短い詩なのに，親しんだり作ったりすることは，意外と少ないのではないでしょうか。ここでは，おもに子どもの俳句を使って遊びながら，その形式（五・七・五の17音からなる日本の詩の一形式で，季語がある）を学び，そのおもしろさにふれます。

◈対象・規模・必要な時間

小学校中学年から／なん人でも／50分くらい

◆用意するもの

『俳句のひろば』『どうぶつはいくあそび』の本／俳句を書いたカード／何も書いてないカード／サインペンなど濃くかける筆記用具

◆準備

①俳句を書いたカード（ここでは俳句の五・七・五を，上の句（五）・中の句（七）・下の句（五）と呼びます）。

②俳句を書きこむカード。

俳句ドッキング　分かれさせ つないでみれば あの句かな

二つに分けた俳句を組み合わせるゲームです。

◆進め方

①５グループ（グループ数は適宜）をつくります。

②俳句を５句用意します。上と中の句を書いたカードＡと下の句を書いたカードＢを用意し，カードＢをグループに配ります。

③カードＡの５枚を表にして黒板に貼り，順次全員に大きな声で読ませます（声を出して読むのが大事）。

④配られたカードＢがどのカードＡに続くかグループで相談し，カードＡの下に貼ります。

⑤グループごとにＢを貼って「完成」させた俳句を読ませます。

⑥元の俳句（正解）を紹介します。

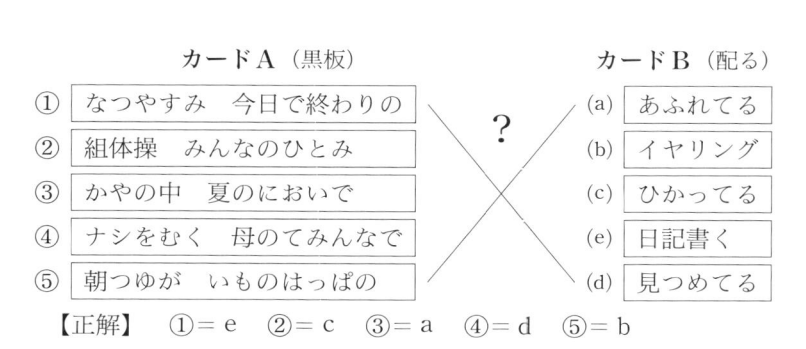

	カードＡ（黒板）			カードＢ（配る）
①	なつやすみ　今日で終わりの	?	(a)	あふれてる
②	組体操　みんなのひとみ		(b)	イヤリング
③	かやの中　夏のにおいで		(c)	ひかってる
④	ナシをむく　母のてみんなで		(e)	日記書く
⑤	朝つゆが　いものはっぱの		(d)	見つめてる

【正解】　①＝ｅ　②＝ｃ　③＝ａ　④＝ｄ　⑤＝ｂ

名句メイキング　五・七を借りて作れば名俳句

ある俳句の五，七を見て，続きの句を作るゲームです。

◈進め方

①俳句メイキング・グループを５つつくります。

②俳句の上の句（五）と中の句（七）を書いたカードと下の句を書ける白紙のカード１枚を各グループに配ります。

③どんな下の句を続けたらいいか考えさせ，下の句を書かせます。

④「完成」させた俳句を順次紹介させます。どんなところを詠んだ俳句か発表させます。

⑤元の句（正解）を紹介します。どちらがいいかみんなに手をあげさせます。元の俳句より上手なものもでてきます。

⑥全体を通し好きな俳句を選ばせ，俳句大賞を決めるのも盛り上がります。

	元の句	子どもの考えた句
①	カーテンが　秋の風を	ふるわせる
②	春の空　くもがしずかに	ういている
③	バーベキュー　炭がバチバチ	おどってる
④	初雪や　かかしが一人	上見てる
⑤	雨ふりの　しずくの音が	音楽会

【元の句】　①（さそってる）　②（すすんでる）　③（けんかする）　④（やせがまん）　⑤（こもり歌）

わんにゃん語俳句作り　動物が俳句を詠めば迷俳句

動物のことばで俳句を作ります。

◈進め方

①わんにゃん語俳句作りは一人ずつで作ります。

②『どうぶつはいくあそび』の俳句を例にあげ，それを手本にして動物になったつもりで俳句を詠みます。季語にはこだわりません。

《お手本》「ねみゅいにゃら　にーみゃもねむにぇ　にょーもねみゅ」（ねーこ）

【訳】「ねむいから　ひるまねむって　よるもねる」

《子どもが作った作品》「ちゅーちゅちゅちゅ　ぼちゅちょぼちゅちょ　はむはむちゅ」（はむーた）

【訳】「かいぬしさん　ぼくのおへやを　そうじして」

◆俳句を作るときのワンポイント・アドバイス

• 季語を覚えるには，まず，いくつか俳句を紹介し，それぞれ季語と季節を押さえます。次に各季節の季語を紹介します。実際に作るなかで指導すれば十分です。

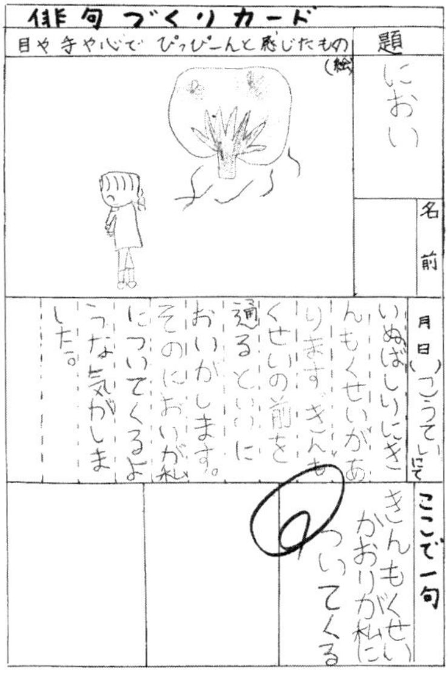

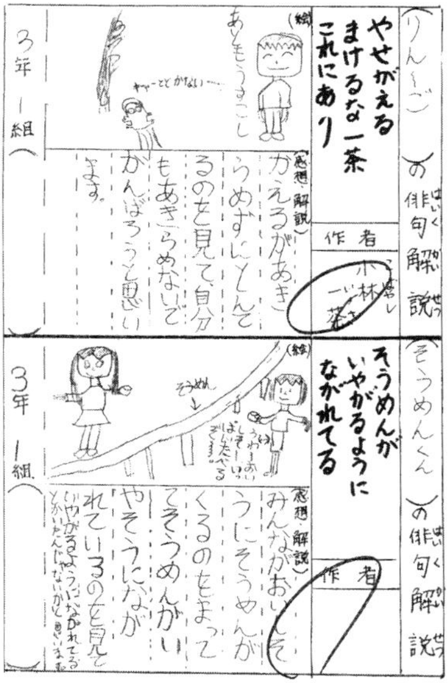

• うれしいな，かなしいな，などの感情を直接表現することばはできるだけ使わない。
• ひとつのものや風景をみんなで一緒に見て，俳句をつくります(例えば，花壇のコスモス，校庭の隅のタンポポ)。合評会をします。
• 絵や文を描（書）いてから，それを俳句に表します。
• 友だちや自分の俳句を解説します。

本の紹介（楠本憲吉・吉本忠之・炎天寺 編『俳句のひろば』一茶まつり全国小中学生俳句大会／きしだえりこ 作・かたやまけん 絵『どうぶつはいくあそび』のら書店)

(金指孝造)

古典

絵巻物の絵を見て，物語のなかのどの場面かを見分け，場面に関連する人物やできごとについて物語っていくゲーム

ぼくらは語り部

『竹取物語』　を宝島

◈ねらい

古典の世界の服装や物，人の表情や絵の雰囲気の違いなど細かいところにまで気をつけて場面を読み取り，古典の世界を味わいながら物語を楽しむ意識を育てます。

◈対象・規模・必要な時間

中学生から／30人程度／発表に50分程度

◈準備

①《絵巻物の絵》「竹取物語絵巻」の中から，わかりやすい各場

面を準備します（下，写真参照)。取り上げる場面が物語全体でバランスが取れるように留意します。各グループに１枚の絵を用意しておきます。

②《「竹取物語」の全文訳》各自に配布できるよう参加人数分用意しておきます。

③《５人の貴公子の記入カード》「貴公子の名前，身分，難題，事の成り行き，そこからできたことば」を記入するカード（紙）を参加人数分用意しておきます（119 ページ参照)。

◈進め方

全文口語訳を一通り読んだ後に行うゲーム。３人１組のグループで行います。

《作戦までに進めておくことは》

①「５人の貴公子」の冒険談を記入する紙を配ります。

②子どもたちは，全文訳を見ながら貴公子ごとに冒険談をプリントにまとめます。あとの絵巻物を見て内容について語るときには，この記入した紙だけを見てもよいことにします。

③全員が記入を終わったら，グループに分かれます。口語訳文はしまわせて，「５人の貴公子」プリントだけを用意させます。

《いよいよ作戦開始です》

④各グループに１枚ずつ，絵巻物の絵を裏返しにして配布します。全部配布したら「絵を見て，それがどの場面の絵かを考え

て，関係のあることは何か，どのように説明するのか相談しましょう」と言って，３～４分程度の相談時間をとります。

⑤時間になったら「では順番に，皆に絵を見せながら，それがどんな場面だったかを説明していきましょう」と言い，グループごとに順番に前に出て，絵について説明させ，確認していきます。そのとき，絵を皆によく見せるようにします（３人の内の１人が絵を見せて歩くと，他グループの絵に皆がより関心をもちます）。

⑥発表グループが場面を物語った後，まだその絵について付け足したいグループは，「つけたし」で発言します。

◈ワンポイント・アドバイス

• 「場面の説明」とはどういうことかを，はじめに約束しておきましょう。その場面に至るまでの話や，その場面から発展して，その後どうなったかは×。直接その絵に描かれている部分を物語ることにします。

• 人の話を聞くことも大切なので，重複する内容は「つけたし」として認めないことにします。

• 「つけたし」が出ないほど完璧に物語ったら５点，「つけたし」で意見を言えたら１点をグループ得点としてもいいでしょう。

• この展開の最後に，それぞれの絵を持って物語の順に並び，その場面を簡単に発表して，物語の流れの最後の確認とします。絵巻物の「物語バラバラ事件」でまとめることができます。

◈他の作戦でも楽しめます

①「この人いたかな，いなかったかな」作戦で

登場人物のリストをプリントして各自に配ります。場面を限定して，リストの中でその場面に出てきた人物に○をつけます。順に，その場面で登場していたのか，何をした人なのか説明していきます。似たような名前に変えてリストに入れておくと思わず間違えてしまいますよ。

②「本の植木屋さん」作戦で

『竹取物語』

年　組　番　氏名（　　　　　　）

貴公子の名前や地位	難題	難題の説明	経過と結末	できたことばと意味

竹取物語のあらすじを4通り用意し，プリントして各自に配ります。4つのうち1つだけが本当で，あとは数箇所変えてあります。どれが本当のあらすじか見分け，異なる3つについては，どこが変えてあるのかを見つけ発表します。

作品（『竹取物語』新日本古典文学大系17，岩波書店／絵巻物『現代語訳日本の古典4』学研／『図解　日本の古典5』集英社）

教科書では冒頭部分を古文で紹介し，富士山の名前の由来までを大まかなあらすじで紹介しているものが多いようだが，子どもたちには「かぐや姫の話」として馴染みのある物語なので，口語訳で全文を読ませたいところ（ただし，全文訳を読むのには時間がかかるが）。5人の貴公子の失敗談の末尾には，それぞれこじつけの語源説明とも言えるこっけいなコメントがつけられているので，それも楽しませたい。また，整理してみると5人の人柄がそれぞれ違うことがよくわかる。策略家だったり純粋な人で気の毒に思えたりと，古人の姿を身近に感じとることができる。

（伊藤美佐子・廣畑環）

古典

語り物の文学『平家物語』を読んで場面を想像し，人物や武具に工夫を凝らして演じて表現するゲーム

演じてみよう名場面

『平家物語』を宝島

◈ねらい

動きや音に注目し，登場人物の身分や立場を考えながら動作やせりふ回しを考えます。鎌倉時代の名場面が目の前に浮かんだら大成功です。

◈対象・規模・必要な時間

中学生から／30 人程度／発表に 50 分程度

◈準備

- 弓，矢，長刀など，各自で作るには大きく大変なものは用意し

て共通して使えるようにしておきます（扇や兜などはできればグループごとに子どもに作らせてもいいでしょう）。

• 《メッセージカード》各自にグループ数だけのカードをプリントして渡します。グループごとにメッセージカードに発表の感想を記入し，後で発表グループに渡します。

◈進め方

本文（口語訳も含む）を一通り読んだ後に行うゲーム。６人くらいを１組のグループで行います。

《事前にしておくこと》

①本文を読み作中の登場人物について一通り確認しておきます。

②グループに分かれ，配役を決めます。ナレーションや馬，黒子の役割など，グループごとに必要かどうか話し合い決めていきます。

③全員が必ず一人一役やることで配役が決まったら，各自のせりふを確認したり，覚えたりの作業に入ります。

④立ち位置や動きを相談しながら，動きをつけて練習します。

《いよいよ発表です》

⑤グループごとに前に出て，演じていきます。

⑥見ている子どもたちは，メッセージカードを記入しながら採点していきます。良かったところを具体的に指摘するようにします。

⑦全部のグループが発表したら，各自が記入したカードを，演じたグループに渡し合います。さらに，それぞれのグループの演じ方について，他のグループから感想を発表し合います。

◈ワンポイント・アドバイス

• 効果音や動きについては，最初にヒントを与えるとわかりやすい。風の音，弓矢を射る音，波の音，扇の舞い散る様子，舞う男の振り，馬の動き，身分の違う主従関係の動き，などの表現方法を意識させることで工夫が生まれます。

・ナレーションが本文を全部読んでしまうことがないようにアドバイスしたほうが動きのあるものになります。どこを読みとして残し，どこを誰のせりふに入れるか，工夫すればわかりやすくなることを助言しておきます。あとはグループごとの腕の見せどころです。

◈他の作戦でも楽しめます

①「本の植木屋さん」作戦で

『平家物語』のあらすじを4通り用意し，プリントして各自に配ります。4つのうち1つだけが本当で，あとは数カ所変えてあります。どれが本当のあらすじか見分け，異なる3つについては，どこが変えてあるのかを見つけ発表します。

②「これ，誰のもの？」作戦で

武士の鎧の色，女房の重ね色の合わせ方，扇の配色など，場面に出ているものの中から選び，いくつか似た配色のものを用意します。どれが本当の組み合わせか考えさせます。本文をよく読んでいないと，微妙な色の違いや自分の思い込みから迷い，案外難しいものです。

参考文献：日本古典文学大系『平家物語』より出典。

（伊藤美佐子・廣畑環）

古典

歌人のつぶやき

和歌の中から１首を選び，歌人の心の中を探る。それを「歌人のつぶやき」として文章で表現し，その場面の絵に「つぶやき」を書き入れることで，場面をより具体的にイメージする

君待つとわが恋ひをればわが屋戸のすだれ動かし秋の風吹く
額田王（万葉集）

多摩川にさらす手作りさらさらに何ぞこの児のここだ愛しき
東歌（万葉集）

「万葉・古今・新古今」を宝島

◈ねらい

古人の思いを自分の思いに重ね合わせることで古の世界を身近に感じ，時を越えて古人への親しみを深めます。

◈対象・規模・必要な時間

中学生から／ 30 人程度／ 50 分程度

◈準備

①『万葉集』『古今集』『新古今集』の短歌の中から，教科書や百人一首などにとられていて馴染みのあるもので，わかりやすいイ

ラストの用意できるものをそれぞれ10首程度選び出し，ことばを記入できる吹き出しをつけて《短歌イラストカード》を作ります。

②短歌だけを黒板に貼っても見える程度に大きく書いて《短歌短冊》を作っておきます。

③使用する短歌とその口語訳の一覧表を作っておきます。

◆進め方

一通り短歌について学習した後に行うゲームです。

①『万葉集』『古今集』『新古今集』の短歌イラストカードを，半数の子どもに伏せたまま配ります。

②残りの半数の子どもに，短歌短冊を伏せて配ります。

③「カードを見てください」と言うのを合図に，それぞれ表に返して自分のイラストカードあるいは短歌短冊をよく見ます。

④イラストカードと短冊とが合うように，お互いのカードを見せ合って自分の相手を探します。

⑤ペアが見つかったら二人で組になって座り，皆で順に読んで短歌とイラストが合っているのかを，見せ合いながら確認していきます（相手が異なっていたり，相手が見つからなかったりする場合は，このときに正しい相手と組み替えます）。

⑥二人でイラストカードの吹き出しにことば（歌人の心のつぶやき）を考えて記入します。

⑦書き上がったら，短歌とイラストを黒板に貼って発表します。

⑧全部が発表を終えたら，使用した短歌と口語訳の一覧表を配り，吹き出しが場面に合っているかを確認します。

⑨一番よい吹き出しだと思うものベスト3を投票し，発表します。

◆ワンポイント・アドバイス

• イラストカードの絵は，他の短歌と区別がつきやすくわかりやすいものを選びます。

イラストカードと短歌短冊

玉の緒よ絶えなば絶えね長らえ
ばしのぶることの弱りもぞする
式子内親王（新古今）

奥山に紅葉ふみわけ鳴く鹿の声
聞くときぞ秋は悲しき
猿丸大夫（古今和歌集）

駒とめて袖打払うかげもなし佐
野のわたりの雪の夕暮
藤原定家（新古今集）

家にあれば笥に盛る飯を草枕旅
にしあれば椎の葉に盛る
有馬皇子（万葉集）

田子の浦ゆうち出でてみれば真白
にそ不尽の高嶺に雪は降りけり
山部赤人（万葉集）

久方の光のどけき春の日にしづ
心なく花の散るらむ
紀友則（古今集）

・吹き出しに入れることばは，心情を表現しにくいものについては，感動詞を使ったり口語訳のようなせりふになったりしてもよいこととします。

◈他の作品でも楽しめます。

①百人一首の歌の中から選んでも，同じように展開できます。また，現代の短歌や俳句でやってみても，おもしろいものができます。さらに発展として，絵を子どもたちに書かせて，カルタを作って遊んでも楽しいです。

作品

『万葉集』『古今集』『新古今集』の和歌は，以下の本を参考に選んだ。また，さし絵や漫画を使ってイラストカードを作った。『学習俳句・短歌歳時記』No. 6，7，8，9，10 巻，国土社／『はじめてであう短歌の本』No. 5，6，7 巻，あすなろ書房／『まんが百人一首　なんでも事典』金の星社／『学習漫画　よくわかる百人一首』集英社／『コミックストーリー　わたしたちの古典』No. 2，13 巻，学校図書

（伊藤美佐子・廣畑環）

ノンフィクション

実況中継をしよう

毛利さんが飛んだ宇宙への旅。その様子を，自分のことばでわくわくしながら実況中継する

『ぼくが宇宙を飛んだわけ』 を宝島

◆ねらい

場面を読んで，その場の雰囲気を自分たちのことばで伝えます。

◆対象・規模・必要な時間

小学校高学年以上／何人でも可／ 60 分程度

◆用意するもの

中継用メモ用紙をプリントしておく。

◆準備

本／中継用メモ用紙（できれば横に長く）／ラジカセ（録音用）／

マイク

◆進め方

第4章の「宇宙へ」の部分を読み，その場面を実況中継します。

①事前に本文を読んでおく準備期間をとります。

②グループを作り，中継する場面をグループの数だけ割り当てます。

③グループ内で，本文の内容に即して中継メモを作ります。

④中継する部分にインタビューのコーナーを入れたり，効果音なども入れたりしながら中継してもよいことを伝えます。

⑤中継メモを作り終えたら，グループ内で読み合わせします。中継担当者，インタビューをする人，インタビューに答える人，効果音を出す人などの役割を決めます。

⑥グループごとにリレー中継する形式をとります。

⑦中継を聞いた後，どのグループにどんな工夫があったかなどを話し合います。

◆ワンポイント・アドバイス

①中継する場面を，各グループに自由に分担させてみましょう。

②中継する場面は，リレー形式でつなげていってもよいし，同じところをいくつかのグループで中継してもよいでしょう。どちらの方法をとるにしてもそれぞれのおもしろさがあります。

③中継メモは，シナリオ形式のものにするとよいでしょう。また，用紙の枚数は限定しないほうがよいでしょう。何枚でも書いてよいことを伝えておきましょう。

④インタビューのコーナーを設ける場合は，本文の内容に載っていないことでも聞いてよいということを伝えておきましょう。そのことによって，さらに興味をもって事実を調べることができます。また，インタビューには想像しながら答える楽しさもあるようです。アドリブなどが入るとまた楽しいでしょう。

⑤中継の途中にCMを入れたり，効果音，音楽などを入れたり

すると，さらに中継が楽しくなってきます。
⑥本文に掲載されている写真，スペースシャトルの解説図，会話文などに気をつけながら中継メモをとると，気がつかなかった発見をすることがあります。
⑦中継の様子をテープに録って，後でもう１回聞くととても楽しいです。
⑧中継する人，インタビューをする人，インタビューに答える人などの役割をグループ内で変えて再度中継すると楽しさが増してきます。

◈**実況中継例**（児童の作品より一部抜粋）

実況「窓からはすごいものが見えます。毛利さんも外の景色から目を離しません。真っ暗な闇の向こうに太陽が白く燃えています。この状況を毛利さんにうかがってみましょう。毛利さん，どうですか」
毛利「ええ，この様子を見ると，ぼくたちが太陽から日差しの温もりを感じることができるのは，空気のおかげということがよくわかりますね。地球に戻ったら，空気の大切さを訴えたいと思います」
実況「あ，いま私の目の前に地球が見えます。とてもきれいな緑色をしています。いま太陽が地球のふちに近づいています。そして，地上が真っ暗になりました。このシャトルは，一時間半で地球を一周しているため一時間半ごとに夕日が見られるようです。いま地平線のあたりに青いふちどりができました。そして，太陽が地球の向こうに落ちていきます。あっ，青白かったふちどりが，くっきりとしたオレンジ色に変わりました。とてもきれいな日没です。毛利さんも感動しているようです。さて，目の前には金星がみえてきました」

作品（日野多香子 文・黒田泰宏 監修・毛利衛 協力『ぼくが宇宙

を飛んだわけ――毛利衛と宇宙のこれから』講談社)

スペースシャトルに乗って，宇宙へと飛び出した毛利衛さん。少年のときにはどんな夢を持ち，どんな少年時代を過ごしてきたのだろうか。また，なぜ宇宙に思いをはせたのだろうか。さらに，宇宙へ飛び出したときにはどんなことを考えていたのだろうか。そのような素朴な疑問に答えてくれる。また，毛利さんが宇宙へ挑戦する姿，エンデバー号の仲間との温かな交流の様子もぜひ読み取ってもらいたい。また，「21 世紀の宇宙」について，毛利さん自身の考えや熱い思いが述べられている。

参考文献：毛利衛 監修『宇宙をみたよ』偕成社／毛利衛『毛利衛　ふわっと宇宙へ』朝日新聞社

(小山公一)

科学読み物

ヒントで予想しよう

お話のおもしろいところや大切なところをピックアップして，そこのヒントをいくつか用意し答えを予想するゲーム

『ダンゴムシ』を宝島

◈ねらい

科学読み物のおもしろさは，そこに今まで知らなかったことが書かれていることです。ゲームを通して，子どもたちに本がもっと読みたくなる気持ちを育てます。また，自分で調べようとする態度も育ちます。

◈対象・規模・必要な時間

小学校低学年から／何人でも／ 40 分程度

◆用意するもの

ヒントになる具体物や本の写真

◆準備

質問とヒントを用意する。本の中から，子どもが興味を引き，驚くようなところを探し，質問を作ります。ヒントは，一つだけでなく二つ以上考えるとよいでしょう。答えを予想する材料として適切なものを選びます。具体物もあるとよいです。今回の本の場合，枯れ葉，石，土を用意しました。また，答えとなる本の写真のコピーもできれば用意します。

◆進め方

本を一度も読まずに行うゲーム。

①まず，本は見せずに，何の話かを予想させます。

②ヒントから答えを予想し話し合います。

③答えが書かれている前後を読み聞かせます。

◆さあやってみましょう

【質問】「何のお話でしょう？」(本は見せない)

• ヒント　①落ち葉　②石　③土　④歩いているときは小判型

• 予想し合う（話し合う）（以下，同じ）

　《答え》ダンゴムシ

【質問】「ダンゴムシの足は何本？」

• ヒント　①虫より多い　②ムカデより少ない　③クモより多い

　《答え》14 本（本文では 7 対）

【質問】「ダンゴムシの目はどこにある？」

• ヒント　①トンボと似ている　②本の写真をよく見せる

　《答え》写真と本文を見せる

【質問】「ダンゴムシは何を食べる？」

• ヒント　①すでにヒントに出た　②毎日食べる　③キャベツも食べる

　《答え》枯れ葉（落ち葉）

【質問】「ダンゴムシの脱皮は？」。次の中から答えましょう。
(1)セミなどと同じ　(2)体の前と後ろ半分ずつ　(3)お腹から脱皮
• ヒント　①ダンゴムシの足の数　②丸い体　③大きくなる
《答え》(2)
【質問】「ダンゴムシはクロオオアリに襲われてるとどうなる？」
(1)ダンゴムシが勝つ　(2)ダンゴムシが負ける　(3)その他
• ヒント　①硬い殻がある　②丸くなることができる
《答え》(3)クロオオアリはあきらめてその場を去る
【質問】「雨の日のダンゴムシはどうしている？」
• ヒント　①本の写真　②前にヒント出た（石）
《答え》石と石のすきまや，葉っぱの裏（歩き回っていない）
【質問】「ダンゴムシの仲間は？」プリントの中から選びます。答えは一つではありません。

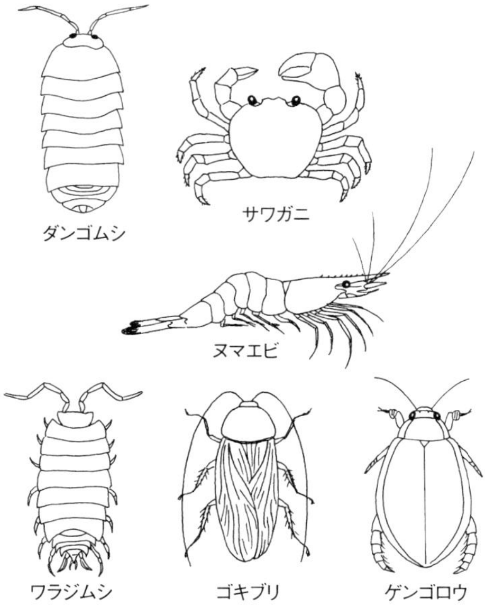

・ヒント　①ダンゴムシの足の数　②硬い殻で覆われている

《答え》ワラジムシ，サワガニ，ヌマエビ

【質問】「ダンゴムシの卵は？」

・ヒント　①本の写真　②エビやカニは，卵を抱いている

《答え》卵は，お腹の中から出てくる

◈ワンポイント・アドバイス

子どもたちは，ダンゴムシやアリなどの身近な虫について，知っているようで，意外と知りません。また，「見たことがある」と意見を誰かが言うと，「なら，そっちかな」と，見た子の発言に大きく左右されますが，ちゃんと見ているわけではないので，教室はますます混乱してしまいます。そこで，実は，こうなんだと，本を読んであげると，子どもたちは，自分の予想が当たっていても外れていても，本を興味深く，そして写真を注意深く見てくれます。

・一人の子が答えを言うだけでなく，賛成意見，反対意見，付け足しなどの話し合いをさせると盛り上がります。時間がない場合は，アンケートを採り，人数をチェックするだけでもよい。

・本を用意するとともに，本の写真は，カラーコピーをして，小人数でよく見られるようにしておくとよい。

・ダンゴムシと他の生き物との仲間分けプリント

・科学読み物の場合，子どもが興味を持ち，驚く場面であれば，順序を入れ替えて質問を出してもよい。

・読みたくなるように仕向けることが大きなねらいなので，予想した結果（答え）を毎回確かめるのではなく，質問の何問かは，答えを読まずに終わらせます。「ずるい！」「読んでよ！」などの反応があれば，作戦は成功です。

作品（今森光彦 文・写真『ダンゴムシ』アリス館）

初夏のある日，２歳になる今森さんの息子が，家の縁側で口

をもぐもぐさせていたので，口を開かせてみると，ダンゴムシがこぼれ落ちてきた。彼はちょっと心配したものの，とてもうれしくなった。こんな小さな庭にダンゴムシがいたからだ。それ以来ダンゴムシに魅せられた作者は，ダンゴムシを飼い，写真を撮り，観察を続ける。今森さんは，ダンゴムシを１年間，愛着を持って育て，ダンゴムシの生態に感動した。
参考文献：『今森光彦　昆虫記』福音館書店／『世界のクワガタムシ』アリス館／『萌木の国』世界文化社

（海保進一）

説明文

ひみつに近づく数のなぞ

説明文に出てくるある数の違いを，さし絵や写真も注意深く見ながら読み取り，話の核心に迫っていくプロローグのようなゲーム

『おっぱい，ふしぎいっぱい』 を宝島

◈ねらい

数の違いが動物の生態の違いによるものであることに気づき，読み進めるための意欲づけをします。

◈対象・規模・必要な時間

小学校低学年から／30 人くらいまで／読み聞かせを含めて 30 分程度

◈用意するもの

数字と動物名を書いたカード／「わかったひみつ」を書くための

ワークシート／発表を整理するための表

◈準備

①カードと整理するための模造紙（グループ名を書けるようにしておく)。文中に出てくる動物名とそのおっぱいの数を別々のカードに書いておきます。

②『０』のカードも準備しておき，虫や鳥には，おっぱいが無いことも認識させるようにします。『３』『５』など関係ない数を書いたカードも用意しておくと多少，混乱が起きて，考えるきっかけになるかもしれません。

③カードは人数分用意しておき，答え合わせをグループごとにできるように一覧表を模造紙などに作っておきます。

◈進め方

①本を読み聞かせする前に，本のタイトルの一部を隠して，本の題名を当てさせるところから始めると，盛り上がる。

「なんのぱい？」,「どんなぱい？」

？

□ぱい, □ぱい

②数のカードを配ります。

③本を読み聞かせします。

④話にどんな動物が出てきたか発表させた後，動物名を書いたカードを配ります。

⑤グループに分かれて，数と動物合わせをします。

⑥発表します。

⑦「みつけたひみつを教えよう」と呼びかけ，核心に迫る内容を読み取った児童の発表を聞きます。

◈ワンポイント・アドバイス

①絵や写真から読み取ることも大切であることも告げておきま

す。
②「おっぱい」と聞いただけで，１年生は大喜びし沸き立ちます。しばらくの間，言いたいことを言わせて楽しませたい。
③数字カードを渡すときに，友だちに見せたり見たりしてはいけないと注意しておくと，静かに話が聞けるでしょう。
④話の後半の「ひみつ」の部分の読みを深めるためには，後半部分に焦点を当てたゲームにしたい（中学年くらいから）。
⑤ペットを飼っている児童の話を聞き，身近な問題として考えさせる機会にもなります。
⑥「森のお医者さん」シリーズの他の本も紹介するとよい。

カードの例

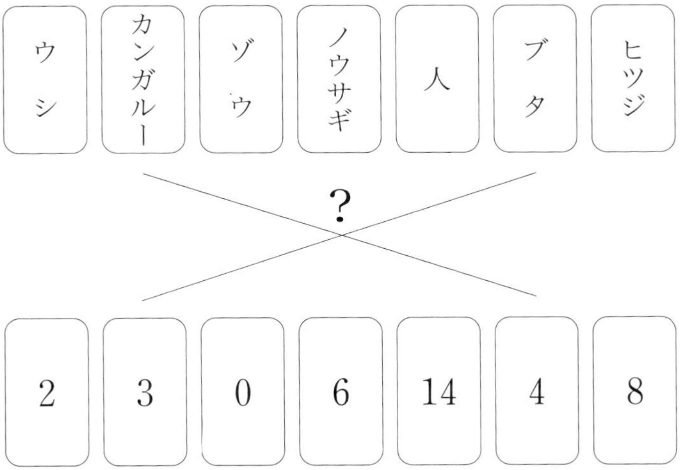

【正解】　0…虫・鳥　2…ゾウ・人　4…ウシ・カンガルー・ヒツジ・(ウマ・エゾシカ)　8…ノウサギ・(アイヌ犬・キタキツネ・シマリス)　14…ブタ

「わかったひみつ」ワークシート

おかあさんのおちち
はこうたいをふく
まれています。
もそんがのあ
かちゃんがかわ
いかった。
おかあさん
なちからがふくまれています。
かわいかったです

作品（竹田津実『おっぱい，ふしぎいっぱい』「森のお医者さん」シリーズ第 6 巻，国土社）

作者は，現在フリーの獣医師，写真家，エッセイストとして活躍中。野生動物のための病院を開いている。獣医師は，傷ついた動物の世話をするだけでなく，新しい命の誕生も見守っている。生まれたばかりの赤ちゃんはすぐに立ち上がり，自分の力でお母さんのおっぱいを探し当てる。そのおっぱいの数は動物によって違う。生まれてすぐお母さんから引き離されたウシやキツネは病気をしやすくなる。それは，お母さんのおっぱいに含まれる不思議な力〈抗体〉をもらえなかったからである。中学年以上の児童には，一人ひとりに本を持たせてあげたい。

（伊藤早苗）

説明文

説明文で クイズ大作戦

チーム対抗で文章中から問題を出し合う，みんなで行うクイズゲーム大会

『魚を育てる森』 を宝島

◈ねらい

仲間と知的な共同作業をすることを体験します。文章の筋道を理解し内容を正確に把握します。目的や状況に応じて的確に話し合います。

◈対象・規模・必要な時間

9，10歳くらいから／人数制限無し／クイズ作りに2時間くらい

◈用意するもの

プラカード／問題用紙／ベル／ストップウオッチ

◆準備

チームを作っておきます。１チームの人数は３人が一番効果的です。チーム名を決めて，チームのプラカードを作ります。できれば文章の内容に関係のある名前がいいでしょう。指名してもらえるように，大きく目立つプラカードを工夫するのも一手です。

◆進め方

全文を一通り読んだ後に行うゲームです。

《クイズ大会開始までにやっておくこと》

①チームで文章を読み，「本文と本文中の図を読むとわかる問題であること」という基本を守って，問題を作ります。

②問題に対する答えも必ず一緒に記録しておきます。別チームが解答した答えが正しいかどうかを，すぐに判断できるように準備します。

③チーム内で出題順を考えます。他のチームと問題が重複するとその問題は使えなくなるので，どの問題を先に出題するのか作戦が必要です。

④アニメーターは，黒板にチーム名を書き出し，得点表を作っておきます。得点するごとに「正」という字で記録していきます。

◆さあやってみましょう

①アニメーターは，最初のチームから指名します。指名されたチームは問題を読み上げます。

②答えがわかったチームは，プラカードを掲げます。指名するのは，原則として早いチームからです。指されたチームは制限時間内（20 秒とか 30 秒とか）に答えます。制限時間内で答えられなかった場合は，次のチームを指名します。

③正解は２点得点として，得点表に記入していきます。チーム内での協力という点で，プラカードを上げる人と答える人が異なっていてもいいことにしまよう。

④正解が出ないときや正解をめぐって意見が分かれたときには，

必ず本文に戻って確認するようにしましょう。そのときは，１点の得点にします。

⑤このようにしてチームを１巡して，時間があれば２巡目，３巡目……と進めます。途中で「作戦タイム」を設定し，問題の順番を考え直したり補充をしたり，より深めた問題を作ったりする時間をとりましょう。

⑥文章の内容に関わる問題が出尽くしたところで，ゲーム終了とします。アニメーターは各チームの最終得点を確認します。

◆ワンポイント・アドバイス

①チームを指名する場合，プラカードを早く掲げたチームから指名しますが，不正解だった場合は，それまでの得点が少ないチームからあてていくと，得点の差が小さくなり，みんなの参加意欲を高めます。

②問題作成は，まず個人でそれぞれに問題を考えさせ，その後グループの中でよい質問を選んでいくようにします。

③解答は制限時間内であれば，グループで話し合って答えてもよいことにします。

④問題を考える時点で，本文を見ながら作業しますが，クイズ大作戦が始まったら，基本的に本文は見ないようにします（正解を確認するときは除く）。ただし，自分たちが問題を考えて正解を記入しておいたプリントは見てもよいことにします。

⑤クイズ大作戦の最中は，他のグループが出題した問題と重なったものはどんどん×でチェックし消していくように指示します。

⑥内容に関連したビデオ（NHK プロジェクト X『襟裳岬に春を呼べ』）を見せてそれを出題範囲に含めると，さらにおもしろくなります。

⑦これは子どもがたいへん喜ぶゲームです。アニメーターが作り出すスピード感が成否を分けるので，アニメーターは作品の内容を十分に頭に入れて子どもたちをリードしなければなりません。

『魚を育てる森』クイズ大作戦・問題作成用紙

出題の順番	問題文	問題に対する答え

問題作成・記入例

出題の順番	問題文	問題に対する答え
1	●襟裳岬が砂漠だったのは、何年前のことですか。	●四〇年前
3	●海藻やプランクトンが微量の金属を必要とするのはなぜか。	●光合成を行うため
2	●腐葉土の中の栄養分は、何によってできたのか。	●岩石の風化や動植物の分解

作品

松永勝彦『魚を育てる森』（光村教育図書『国語・中１』より）

（伊藤美佐子・廣畑環）

ほんものはだれだ？

辞書を探偵。わかりにくい単語を選んで正解とうそを三択クイズにして出題し，みんなで考えるゲーム

「国・漢・英和辞典」を宝島

◆ねらい

辞典と仲よくなり，ことばに敏感になります。

◆対象者・規模・必要な時間

小学校 3 年生くらいから／何人でも／ 30 分程度

◆用意するもの

それぞれが辞典を持っている。テキストは違うものでもよい。

手がかりいっぱい 国語辞典で名探偵！「んだ」「んぼ」？

◈準備

参加者全員，辞典を持ちます。辞典を引き，探偵問題用紙に，ことば，正解の意味，うそを記入します。

◈進め方

問題です！「んぼ」の意味はなんでしょうか？
(1)雪に埋まったときの音を表す擬音のひとつ　(2)とんぼの昔の呼び方　(3)「ん坊」の短い呼び方
というように，国語辞典からことばをひとつ選んで，3人の回答者に出てきてもらいます。一人は正解をいいます。二人はうそをいうわけです。個人戦でもチーム戦でもできます。

◈チームでやるなら

①問題用紙は自分のチーム以外には見せません。チームで，正解者のほか二人の不正解をしゃべる人を用意しておきます。
②問題です！「んぼ」はどういう意味でしょう。
③それでは1番から3番の方まで順番に説明してください。
④では，質問は一つだけ認めます。
⑤チームでどれが正解か，意見を決定してください。
⑥正解者を当てたら10ポイントです。
全チームはずれの場合は，出題者チームへ50ポイントあげます。
指名されたチームの誰かが答えればよいのです。
さらに，「ア」「ん」「あっけらかんと」「ちゃらんぽらん」などはどうでしょう。擬態語や擬音語など様子や音を表すことばで問題を出したり，方言からも出題できます。

手がかりてんこ盛り 漢和辞典で名探偵！「犇」めく？

その漢字の読みと，①漢字の意味で探偵問題を出します。
また，②それぞれの訓読みを予想して，考えます。「犇」はどんな意味ですか？「驫」はどんな意味ですか？「靐」はどんな意味ですか？　などです。
さらに，なにかく漢和辞典で探偵団。「凸」「凹」は何画？といった③画数の問題や④書き順も楽しいです。

メニーメニー手がかかり！　英和辞典を探偵団

「japan」「china」はどんな意味？　というのもお試しください。本来は大文字で書かれる地名も，小文字ではまったく違う意味になることがあります。片っ端から国名を引いて問題作りをしてみましょう。
英和辞典などでは，日常普段に身の回りにあって，知っているようで知らない英単語でやってみましょう。
たとえば，次の英単語の本当の意味は？　と国語辞典での探偵のように三択クイズにしてみましょう。「デポジット，ディスペンサー，リストラ，ページ，ノート，コスモス，スタッドレスタイヤ」など今ではなにげなく日本語に入っていることばも，本当の意味が違ったりします。

◈古語にもチャレンジ

「いといとおかしおもしろし！　古語辞典探偵団」で古語にもチャレンジしてみるとこれがめっぽうおもしろいんだなあ！　おすすめ！

本の紹介

国語辞典はおもしろいです。いつぞや国語辞典が間違っていたということがありました。辞典は回収されましたが，わたしはまだ持っています。たとえば，「誤謬（ごびゅう）」が「誤説」になっていたのは抱腹絶倒でした。辞典にはいろいろなことばが満載です。では，問題です。あなたの持っている辞典の一番最初に載っていることばと最後に載っている「ことば」は何でしょう？　すごく簡単なように思えますが，実はこれが辞典によっても違うのでした。「あ」で載っている辞典は少ないかもしれません。「あ」は漢字では「亜」で，「２番目」と書いてあるものもあります。「１番目」ではないのです。もうそこからがミステリーですね。辞典は作られた年や編著者によっても内容が違います。載っていることばの数，解説も違います。東西南北，右左などは相対的なものですからかなり定義が難しい。「動物園」の定義があんまりにひどいと動物園の人が怒っていたのを読んだことがあります。

辞典によって配列が違いますし，ことばの数も違いますが，チームを組んでいろいろな国語辞典を持ち寄りましょう。『新明解国語辞典』（第五版・三省堂）をとりあえず使って探偵しましょう。使うのは，どの辞典でもかまいません。『新明解国語辞典』などはその辞典だけで，クイズ本が出るほど人気がありますが，手元の物でも十分でしょう。でも，出題者がちゃんと辞典を読めないといけません。でもチームで取り組めばなんとかなるでしょう。辞典の解説をまた辞典を引くことになるかもしれませんが，それもまた楽しまなくては。

（佐藤広也）

辞書

ことばで はらいっぱい

「いったいこの食べ物なんなんだ！」といいながら説明を読みあげ，意味を考えながら英知を結集してその食べ物をあてるゲーム

「国語辞典の食べ物」を宝島

◈ねらい

国語辞典と仲よくなりながらことばに敏感になるのです。国語辞典はおもしろい。国語辞典の解説で腹いっぱいにならないでしょうか。辞典はいろいろ集めておくと楽しく探偵団活動ができますよ。

◈対象・規模・必要な時間

辞典は小学校 3 年生くらいから使いますね／何人でも／ 30 分程度

◈用意するもの

参加者全員が国語辞典を持ちます。

◈進行

①テーマを決めます。たとえば，この場合「食べ物」ですね。

②探偵問題用紙に問題を記入します。探偵問題作りの時間は15分程度で。

③問題用紙は自分のチーム以外には見せません。

④問題です！　といって，ことばの意味を言い，他のチームが答えます。

⑤では，質問は1つだけ認めます。

⑥正解者の場合は10ポイントです。

⑦全チームはずれの場合は，出題者チームへ50ポイントあげます。減点はありません。指名されたチームの誰かが答えればよいのです。

⑧質問の中には「ヒント」も数えます。

◈さあやってみましょう

まずはみんなで問題作りです。さあ，できましたよ。では，『新明解』探偵チームからの問題です。

①「中央アジア原産の落葉高木。種子は平たくて，卵形。食用にするものと薬用にするものとが有る。旧称，アメンドー。〔バラ科〕「――チョコレート・――ケーキ」［かぞえ方］一株・一本」

【答え　アーモンド〔almond〕】

辞典によって載っていたりいなかったりしますし，微妙に意味も違うかもしれません。そこがまたおもしろい！　チームを組んでいろいろな国語辞典を持ち寄りましょう。『新明解国語辞典』（第五版・三省堂）をとりあえず使ってもうちょっと探偵しましょう。

②「〔和製英語〕甘みをつけた水を棒状に堅く凍らせた菓子。キャンデー。［かぞえ方］一本」

【答え　アイスキャンデー】

③「九月ごろ穂状の花を開く一年草。実は小粒・黄色で，五穀の一つ。〔イネ科〕「一読肌（ハダエ）に――を生じる〔＝怖くて，鳥はだが立つ〕」［かぞえ方］一本」

【答え　粟】

◆ワンポイント・アドバイス

①結構むずかしい食べ物の例でやるなら，「にこごり　からすみ　ピロシキ　イクラ　サクランボ　バッテーラ　昆布　ビスケット　すきやき　タバスコ」など，最適でしょう。食べ物のうち，タバスコは実は商標名なのです。カルピスも商標名です。辞典に載るということはそれほど一般的なことばとして定着した証拠ともいえます。ですから，とくに物の商標登録をめぐる裁判のときにも，辞典に載っているかいないかというのは重要な判断基準になるようです。

②片っ端からいろいろな食べ物に挑戦していきましょう。問題作りだけでそうとう辞書引き能力が向上します。その上，語彙も増えること間違いなしです。

◆別バージョン

これの別バージョンで，日本や世界の地名を問題にしてもおもしろいですし，魚や動物，樹木をテーマにクイズ合戦ができますよ。『大辞林』からの問題です。

①「〔「ばら（荊棘）」と同源〕○○科の低木。観賞用に栽培される。高さ１～３メートルに達し，とげがあり，時につる性となる。葉は奇数羽状複葉。花は重弁，時に五弁。ヨーロッパ・中国・日本産の野生種を交配改良したもので，多くの系統がある。しょうび。そうび。［季］夏。」

【答え　バラ】

②「ダツ目の海魚。全長40センチメートルになる。体は細長くてやや側扁し，吻（ふん）はとがる。背面が暗青色，腹面は銀白色。秋，産卵のため千島列島付近から南下する。重要な水産資源

で，おもに棒受け網で漁獲する。美味。北太平洋と日本海に分布。体が刀状で，秋の代表的な魚であるところから「秋刀魚」と書く。［季］秋。」

【答え　サンマ】

本の紹介

使うのは，どの辞典でもかまわない。『新明解国語辞典』（三省堂）などはその辞書だけで，クイズ本が出るほど人気がある。『大辞林』も好きだ。でも，手元の昔の辞典でも十分。出題者がちゃんと辞典を読めないといけないが，チームで取り組めばなんとかなる。辞典の解説をまた辞典を引くことになるかもしれないが，それもまた楽しまなくちゃあ。「三省堂の新明解国語辞典を趣味として楽しむサイト」というのもインターネットにはある。すっごくおもしろい。

（佐藤広也）

辞典

漢字の部首から詩をつくろう

同じ部首に並んでいる漢字を使って，詩を書いてみるゲーム。部首の意味と同じようなイメージが出てくるだろうか

「漢和辞典」を宝島

◈ねらい

漢字に親しみをもち，一定の原則に従って漢和辞典に配列されている漢字の部首の意味を押さえながら，部首の詩を自由に作ってみます。

◈対象・規模・必要な時間

小学校中学年～高学年／何人でも（人数によっては，個人でも可）／45分

◈用意するもの

漢和辞典／漢字を書くカード１人あたり７枚（８㎝四方の画用紙・工作用紙で）／詩を書く用紙（半紙や和紙などがよい）／サインペン（割り箸を削り，墨汁で書いてもよい）

◈進め方

①書こうとする漢字の部首を決めるが，どの部首でもよいということではなく，いくつかの部首から選んでもらいます。

②選んだ部首のイメージをそれぞれ考えさせます。

③その部首の漢字を思い浮かべてカードに１字ずつ書きます（カードに漢字を書く時間を決めておく）。

④時間切れで，カードに漢字を記入できなかった場合は，漢和辞典などを使って残りのカード全部に漢字を書きます。

⑤カードに書かれた漢字を使って熟語や語句を作ってみます。

⑥カードに書かれた漢字，カードの漢字をもとにして作った熟語などをできるだけ使ってグループ（あるいは個人）で短い詩を作ります。

⑦できあがった詩を工夫しながら朗読させます。

⑧詩の発表を聞いて，それぞれのグループの詩のイメージが違っていることを確認し合います。

◈ワンポイント・アドバイス

①同じ部首からスタートするのがよいと思います。最後の段階で，お互いの詩の違いが発見できます。

②人数によっては，いくつかの部首を決めてスタートしてみてもよいと思います。また，ゲーム的に相手のグループからの出題という形式でもよいです。

③部首を選ぶ場合は「ごんべん」「さんずい」「にんべん」「きへん」などと比較的多くの漢字が出てくるような部首に制限します。

④部首から漢字を書かせるときにすぐに辞典などを調べないで，自分たちが思いつく漢字から書かせるとよいでしょう。意外に思

いつかないものです。
⑤詩を書くときは和紙や画用紙などを使って書くようにすると，本当に作品を仕上げたという感じがもてます。またそのときには，割り箸を削って墨汁などで書いてみると，それなりの味が出て子どもたちは喜んでやります。
⑥時間があるような場合は，カードに書いた漢字（７枚）から１枚だけ選んで，自分と同じ漢字のカードをもっている人を時間内に探すようなゲームもできます。ただし，相手のカードを見せてもらう回数を決めておくことが大切です。

作品例

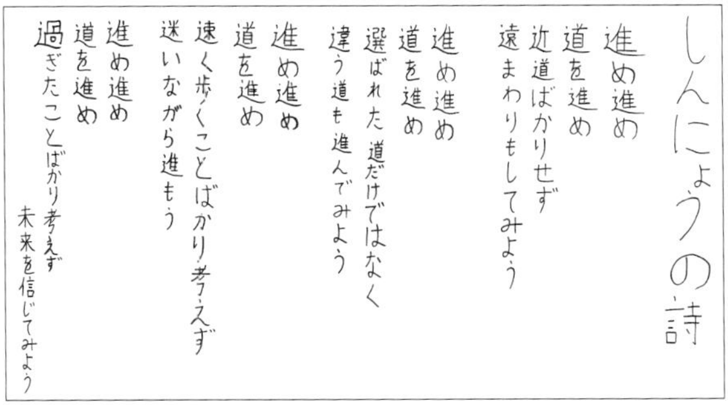

しんにょうの詩
進め進め
道を進め
近道ばかりせず
遠まわりもしてみよう
進め進め
道を進め
選ばれた道だけではなく
違う道も進んでみよう
進め進め
道を進め
速く歩くことばかり考えず
迷いながら進もう
進め進め
道を進め
過ぎたことばかり考えず
未来を信じてみよう

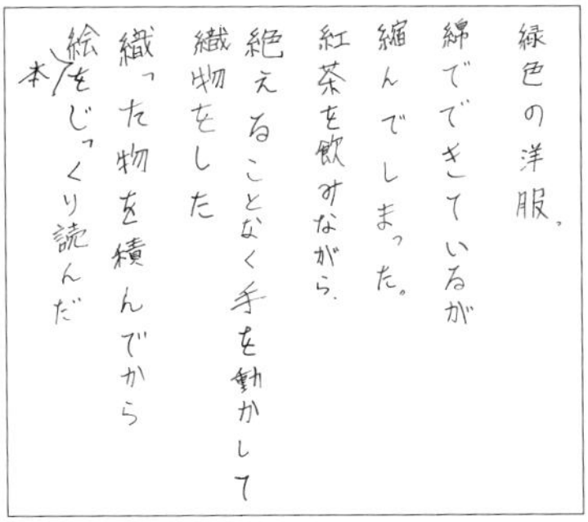

緑色の洋服、
綿でできているが
縮んでしまった。
紅茶を飲みながら、
絶えることなく手を動かして
織物をした
織った物を積んでから
絵本をじっくり読んだ

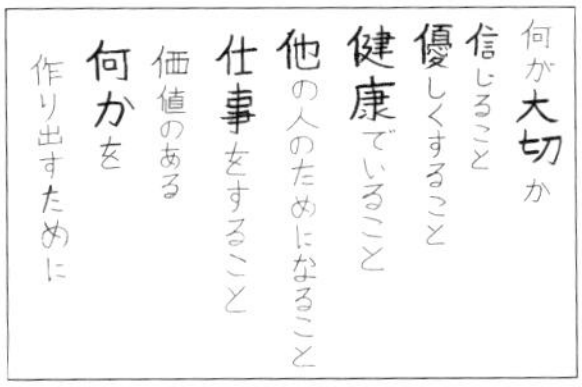

向が大切か
信じること
優しくすること
健康でいること
他の人のためになること
仕事をすること
価値のある

⑦グループ対抗戦にするときは，その部首の漢字がいくつ書けたかなどを競うこともできます。

参考文献：岩辺泰吏『新版 だいすき国語』大月書店／川崎洋『日本語探検』読売新聞社

（小山公一）

II

アニマシオン
発展篇

ぼくらはファンタジスタ!
物語る楽しさをどの子にも

◈「喰わせる理由」

アッシジはなんにもできない男だった。狩りに行けば獲物を逃がしてしまう。木の実さえまともに採れない。「おまえには何ができる？」みんなに問いつめられたアッシジは，頭の中から出口を求めている何かを感じて答える。

「おれには，話ができる」

そして，たき火を囲む人々に向かって語り出す。「神かとみまがうばかりに優れていて，あらゆる動物におそれられた大狩人の話」を。人々はその語りに次第に引き込まれ，次の晩も，その次の晩も続きを待ちかねるようになる。彼は人々の心を優しく，強く励ます力を持つ者として尊敬されていく……。

清水義範氏の短編「喰わせる理由」（新潮社『陽のあたらない坂道』収録）は，物語の力を実に生き生きと描いています。いま『ハリー・ポッター』現象と言われるほどファンタジー作品が読まれています。そのファンタジーを「君もできるんだよ！」と，呼びかけられたらもっとおもしろいことになります。その手法をいくつか，ここで紹介しましょう。

ことば遊びをいっぱい　活動的国語の時間を！

まず，いっぱい声の出せる教室でありたいものです。
和田誠『ことばのこばこ』（瑞雲舎）は，ことば遊びの宝箱です。

くもの　むこうに　なにが**ある**
あるぷすの　ゆき　あるの**かな**
かなだの　もりか　はらっぱか
……
〔しりとりうた〕

だれがしている　かくれんぼ
みつけたぞ　うまくかくれても
〔かくしことば〕

かぞえうた，つみかさねうた……まだまだいっぱい。

川崎洋『だだずんじゃん』（いそっぷ社），『言葉遊びうた』（思潮社，こちらは大人向き）も楽しい詩集です。

フランスのなかに　ラン（蘭）
アメリカのなかに　あめ（飴）
〔ことばかくれんぼ〕

1　朝を食べる　たりないのは
なーんだ？（ごはん）
2　山がないている　たりない
のはなーんだ？（鳥）
〔なぞなぞ〕

子どもたちも大好きになります。「ぼくもやってみたい！」と言います。作った詩に絵をつけて絵本ができます。身体化して「大道芸人」風にパフォーマンスで発表会をするとさらに楽しめます。ことばを身体化し，声にして出すことが，ことばの力を確かめ，共有することになると思います。もっと声の持つ力とことばを結びつけたい，わたしはそう考えています。そして，日本語の持つおもしろさ，ことばの深さに気づかせていきたいと願っています。

国語の学習時間をもっと活動的にしたい，読書にも活動的読書が必要だと考えて試みています。沈黙が思考を深める時間として必要であるように，響き合う声がことばの豊かさと友と学ぶことの楽しさを共有する時間として必要です。

物語ゲーム1　2枚のカードで物語

アトランダムに引いた2枚のカードに書かれたことばを結びつけて物語を作ります。

◈演ずる人

1人でもできるし，チームでもできます。

◈準備

①はがき大のカードをたくさん用意しておきます。

②これに，毎日，短い時間を見つけては，「行ってみたい場所」「こんなものがあったらいいなと思う文房具や道具」「乗り物」「食べ物」「好きな人の名前（タレントや歌手も）」などとテーマを決めていろいろと書いては段ボール箱に集めておきます。

◈進め方

①2人組を作ります。

②箱の中をよくかき混ぜてから，1人1枚ずつカードを引きます。

③二人は，自分の引いたカードをつき合わせて，そのことばをつ

なぐ物語（ショートストーリー）を考えます。例えば，「女の子」「ほうき」が出会って，『魔女の宅急便』の物語に発展するように。

◈やってみました！

4年生の教室でやりました。1カ月くらいの間，せっせと時間を見つけてはさまざまなテーマでカードを書きました。絵も加えてきれいに色鉛筆で仕上げる子もいるし，サインペンなどでさっと書いて入れる子もいます。「なんでも消える消しゴム」「答えの出てくるノート」「空にある学校」「オーストラリア」「北海道」……。

はじめは2人組で試みました。次に，5人チームがそれぞれに引いて組み立てた物語発表会もしました。5枚のカードでは，かえって自由がないと2枚だけでいいという感想もありました。発表会は寸劇風な，ちょっとしたお楽しみ会になりました。1人1枚だけ引いて，ミニミニストーリーを作って発表することもやりました。

これは，G・ロダーリ著『ファンタジーの文法――物語創作法入門』（窪田富男訳，ちくま文庫）のなかの「ファンタジーの二項式」による手法です。拙著『新版だいすき国語』（大月書店）にこの実際を紹介しています。

こやま峰子訳『ジャネットとアランの　おはなし玉手箱』（朔北社）は，まさにこの手法で創られたのではないかと思われる楽しいショートストーリーがつまっています。タイトルを並べただけでもおわかりいただけるでしょう。『ようふくをきた馬』『時間貯金』『夜をはこぶ汽車』。

また，『いたずらジャック』は「もしも○○○が△△△△だったら……？」という問いかけで，よく知られた物語をリフォームしています。『ジャックと豆の木』のリフォームです。

「ジャックという名前の男の子たちに，なやまされている巨人のかぞくがいました。」とにかくこのジャックたちはいたずらものなのです……。おもしろそうですね。読みたくなります。このような本を読み聞かせておけば，「ようし，ぼくももっとおもしろいのを創るぞ！」という意欲がかき立てられます。

物語ゲーム2　韻を踏んで物語

詩で綴る物語です。これは，少し上級です。でも，例を示せば，小学校中級からでもできます。

まず，例を示します。川崎洋『だだずんじゃん』より。

> けるけるウラシマタロウ
>
> 浜で子どもらがカメをいじめて
> いるのを見かける
> ウラシマタロウ叱りつける
> 子どもらカメをおいて逃げる
> ……（中略）
> 玉手箱を開ける
> 立ちのぼる白い煙をまともに受
> ける
> あっというまにツルになり空高
> く天がける

おわかりですよね。浦島太郎を主人公にして，韻を踏んだ詩の物語をつくっています。これを，私たちも遊びでやろうというわけです。

準備は，①《主人公カード》「桃太郎」とか「ハリーポッター」とか，今時の子どももよく知っている主人公の名を書いたカード，たくさん。②『逆引き広辞苑』（岩波書店）より，「でる」とか「いる」「きる」などの動詞のことばを引き出してコピーをかけます。それを切って，画用紙などに貼っておきます。

それぞれ裏返しておいて，チームごとに引きます。例えば，「主人公は桃太郎」，脚韻は「でる」だとします。チームでは，「逆引き広辞苑」のコピーを参照しつつ，物語をパロディして，詩を作ります。叙事詩です。

でるでるモモタロウ

川崎　洋

ババ川へ洗たくに家をでる
ジジ山へしばかりに家をでる
……（中略）
鬼の親分の目になみだでる
モモタロウ勝利をかなでる
いらい鬼は人の心にすんでる

漢字で物語

一字の漢字をじっと見ていると，いろいろな物語ができます。私がやってみます。

？（漢字はなあに？）

いわなべ　たいじ

サトルとナツミはもうすぐ一年生。
二人でさんぽに出ました。
道ばたの草たちもあたたかくなって喜んでいます。
つくしが出たね！
お口をそろえて、二人が言いました。
ツピーツピー
木の上から声が聞こえます。
「あっ、小鳥さんがうたってる！」

さて，この漢字はなんでしょう？　難しいですか。そう！　「難」です。源泉は川崎洋『言葉遊びうた』です。

音

川崎　洋

日は
あっというまに
立ちさる
音もなく

漢字がこんなにおもしろいものなのかと気づかせてくれます。

◈ことばのすべての用法をすべての人に！

G・ロダーリは，民主主義とはすべての人が自分を語ることばを持ち，自分の物語を綴り，その主人公として生きることだと考えました。「ファンタジー（想像力）の力」を獲得する方法は伝えることができる。それを，「ことばのすべての用法をすべての人に」というスローガンで表しました。

日本の子ども・若者がいま，この世界の「与えられた物語」にあきあきして，苦しみ，拒否し，生き悩んでいます。彼らに，「この物語はできあいのものではない。君たちが書き換えていいのだ」ということを伝え，それぞれの物語を描くよう励ましていかなくてはなりません。その一歩は，「物語る」ことのおもしろさ，楽しさを体験することから始まるでしょう。君もファンタジスタなのだと。

（岩辺泰吏）

タバコのアニマシオン

東京都千代田区の路上喫煙禁止条例や，和歌山県などでの公立高校敷地内禁煙に代表されるように，日本においても禁煙の流れが大きくなってきました。しかし，これとは裏腹に，日本では若年層の喫煙が増えています。これは「先進国」では珍しい，恥ずかしいことです。大人が何とかしなければならない深刻な問題です。

これまで禁煙教育というと，おもに保健体育教師や養護教諭が保健の授業でやってきました。私は中学校の社会科の教師として，タバコのもつ社会的な面での問題を教材化し，授業で取り組んでみました。そのときのモットーは，深刻な問題も楽しくわかりやすく，です。その一例を書いてみます。

タバコのクイズ

実物や写真など使いながらクイズを解いていきます。

Q１　タバコには癌に関係する物質がどのくらい含まれているでしょうか。

20 種類　40 種類　100 種類　200 種類

A１　200 種類。タバコの煙には 4000 種類の化学物質が含まれ，発がん性物質は 200 種類を超えるといわれています。まさにタバコは毒の缶詰です。

Q２　タバコの煙を吸い続けると身体の中にある金属がたまっていきます。その金属は何でしょう。

鉄　鉛　銅　金

A２　鉛。体に入った鉛は脳にたまり，成長の遅れや知能指数の低下をもたらします。

Q３　次の２枚の写真は双子です。一人が喫煙者ですが，それはどちらでしょうか。

A３　左。喫煙は美容の大敵です。

Q４　タバコに関係する病気をタバコ病といいます。日本ではこのタバコ病で死んでしまう人は年間でどのくらいいるでしょうか。

5000人　1万人　7万人　10万人

A４　10万人。交通事故死の約10倍。

Q５　次の５カ国のうち，喫煙者率が一番高いのはどの国でしょう。

アメリカ　スウェーデン　イギリス　日本　フランス

A５　日本。男性の喫煙率はアメリカ，スウェーデンなどの２倍です。

Q６　タバコによる税収は２兆円以上ありますが，経済的な損失はいくらくらいあるでしょか。

１兆円　３兆円　５兆円　７兆円

A 6　7 兆円。喫煙によるコストは，超過医療費，喫煙関係による労働力損失など合わせると 7 兆 1540 億円。

Q 7　タバコ 2 箱を 50 年間吸い続けるといくらかかるでしょうか。

300 万円　500 万円　700 万円　1000 万円

A 7　約 1000 万円。260 円× 2 ×365×50＝9,490,000 円

Q 8　タバコの葉は乾燥させる必要があります。乾燥用に使用しているのは，薪として伐採される森林です。さて，タバコの乾燥のために使用される薪の重量は，世界中で薪として伐採される森林の何パーセントでしょうか。

10 ％　30 ％　40 ％　50 ％　80 ％

A 8　世界中で薪として伐採される樹木のうち，重量にして 80 ％もがタバコの乾燥用の燃料として使われるのです。これは，地球上の森林伐採面積の 12 ％に相当し，毎年，長野県ふたつ分もの森が，タバコの葉を乾かすだけのために消えていることになります。大きな環境破壊と言えます。（細川弘明『かわずのエコロジー』三省堂）

Q 9　次のせりふは，ある外国人投資家の話です。（　　）の中にはどんな数字が入りますか？

「どうしてタバコ産業にうまみがあるか教えよう。とにかく，原価の（　　）倍で売れるんだ。それに吸いはじめたら放っておいても買ってくれるからね」

20 本入り 1 箱の原価は約（　　）円。

A 9　100（倍）　　3（円）

Q10　次のせりふはレイノルズというタバコ会社幹部のことばです。（　　）の中にはどんなことばが入りますか？

「あんなもの（タバコのこと）は吸わない。我々はただ売るだけだ。若者や貧しい人，ブラック（黒人のこと），そして（　　）なやつに買わせるのだ」

A10　ばか

標語をつくろう

タバコの害や社会的な問題がある程度わかったところで，標語作りをやります。次は静岡市の中学2年生がつくったものです。

- 勉強と　どなる前に　タバコをやめて！
- 君が吸うのはいいけれど　吸わない人の身になって
- 自分より　他人に迷惑　副流煙
- 毒物が　ふつーに売られる　まか不思議
- JT も政府もあなたをねらってる
- タバコすう　ここが変だよ　日本人
- タバコには　悪魔がついてる　気をつけろ

WTO（世界保健機関）の2001年の世界禁煙デーのスローガンは，「だまされるな！　タバコに殺される！」でした。レイノルズの幹部の発言にみられるように，タバコ会社はその利益のために，人を騙してでも売ろうとしています。そのなかで一番狙われているのは若者です。タバコ会社に騙されないためにも，私たちが事実をしっかりと子どもたちに教えていかなければなりません。

参考文献：伊佐山芳郎『現代たばこ戦争』岩波新書／宮崎恭一『たばこで他殺，たばこで自殺』女子栄養大出版／禁煙ジャーナル編『たばこ産業を裁く　日本たばこ戦争』実践社／平間敬文『子供たちにタバコの真実を』かもがわ出版／渡辺文学『「たばこ病」読本』緑風出版／高橋裕子『タバコをやめられないあなたへ』東京新聞出版

（笠井英彦）

道徳の授業で
アニマシオン

道徳の授業は資料が勝負と言われています。

道徳の資料というと，副読本の読み物資料が使われます。授業にぴったりする資料があればいいのですが，「だいたい授業の展開にあってるかな」くらいの資料となっています。自作資料を作るという方法もありますが，毎週作る時間の余裕はありませんね。そこで，「副読本を」となるわけですが，副読本の活用方法としては，教師が範読したり，子どもが黙読したりした後，文章にそった問いかけがされていくのが通例です。

小学校の高学年（5，6年生）にもなると教師の意図することがわかってしまい，授業そのものがつまらなくなり，ひたすら「早く授業が終わらないかなあ」という我慢の時間になってしまいがちです。授業が終わったとたん，「やっと終わった！」という感想が聞かれるようでは，「何のための道徳の授業か？」となります。

子どもの心を揺り動かすには，どんな資料がよいか，またその提示の仕方はどうしたらいいのでしょうか。

2枚の写真を使って

そこで考え出したのが，2枚の写真を使った授業です。写真を提示することによって，その２枚の写真が何を物語っているか，子どもの想像力をかきたてていきます。

◈授業の進め方

①黒板に２枚の写真を提示します。

②その写真の共通していること（または相反していること）をヒントにして推理させていきます。

③意見が出そろったところで，写真の説明をしていきます。

④ねらいにそった発問をしていきます。

◈ワンポイント・アドバイス

①写真のほかに絵も活用できます。

②共通した写真（絵）にするか相反した写真（絵）にするかで，子どもの受け取り方も違ってきます。その学級の実態にあった写真（絵）を選びましょう。

③相反する写真（絵）を使う場合は，ディベート形式で授業を進めることができます。

◈やってみました

• 授業では，「生命尊重」というテーマで，２枚の写真を使いました。

• ２枚の写真は，「病気と闘っている人」ということが共通していました。

• 写真を見て，それぞれの写真の印象を出し合います。

• 次に二人の共通していることを出してもらいますが，ここで子どもたちは悩み，考えます。

• 「病気と闘っている人」が出てくればそのまま進めますが，出てこない場合も回答を言います。

◈資料について

• 授業参観のときにこの授業をやってみましたが，参観した保護者も「なに，なに？　何が始まるの？」とざわめいていました。副読本の中にもいい資料はあると思いますが，結論が見えている資料ではなく，子どもたちと一緒に考えていく資料のほうがいいと思います。

•写真は視覚に訴えるものですので，１枚の写真からいろいろなことが想像されます。文章にはない何かを感じ取り，考えをめぐらせていくことができます。

◈絵本や物語を資料として使う場合

•絵本や物語の中で，道徳の資料として使えるのもあります。事前に国語の時間に，読み聞かせや通読をしておきます。

•絵本や物語の中のさし絵をカラーコピーなどで拡大し，紙芝居風のカードに作りなおします。

•さし絵の数によりますが，５，６人の子どもを指名し，アトランダムにカードを渡します。

•カードを受け取った子どもは，さし絵が出てきた順番に並び替え，自分のカードの場面を説明します。

•このやり方を取ると，教師が「このときはどうだった？」とあらすじを追わなくても済みますし，何よりも子ども自身が説明していきますので，他の子も耳を傾けることになります。

（緒方敬司）

１枚の布から

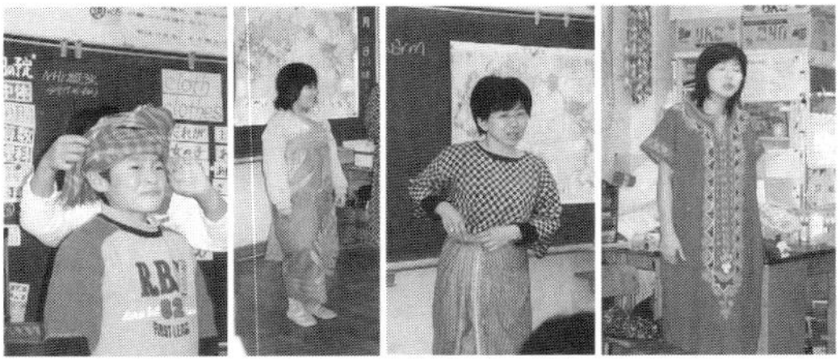

「総合的な学習」の国際理解教育……外国の方を招いて，その国のことを教えてもらったり，簡単な会話を覚えたり，その国の食べ物をつくったり，遊びをしたりして，外国の文化にふれる。それは楽しい学びの時間になるでしょうが，もっと楽しくもっと子どもたち自身が主体的に世界に目を向けるようにしたい，と考え，授業を組み立ててみました。

１枚の布から国際理解……そんなことができるの？　とお考えになるかもしれません。身近な１枚の布を使うことで子どもたちが世界に目を向けていきます。ゲスト・ティーチャーを招いて英語も使ってみましょう。さあ，始めましょう！

１枚の布から国際理解

◈準備するもの

①布：各班に１～２枚ずつ。90×200センチくらいの大きさが扱いやすい。また，インド更紗やタイ・シルクなど各地の布があるともっと楽しい。

②世界地図（できたら地勢図）

③カード

《だれがカード》女の子　男の子　女性　男性　おばあさん　おじいさん　赤ちゃん

《どこでカード》暑い　暖かい　寒い　砂漠　その他

《どんなふうに・どんなよい面がカード》comfortable　protect　cool　convenient など。

④民族衣装（本物あるいは写真など）：北海道のアットゥシ，沖縄のばしょう布，結城のつむぎ，小千谷のちぢみ，上布など日本に古くからある布・きぬ，ナイロン，ウールなど身近にある布も。

◆授業の流れ

《オリエンテーション》

①まず世界の気候を学びます。暑い国（地方），寒い国（地方），砂漠のある国（地方）など世界は広くていろいろな地域があることを知りましょう。

②次に，いろいろな布に触れ，手触りなどについて話し合いましょう。やわらかい，かたい，目が粗い，細かいなどいろいろな布があることに気がつけば OK。

③布は英語では「cloth」ということも押さえておきます。

《１枚の布から》

④１枚の布からどんな使い方が思い浮かぶでしょう。荷物を運ぶ，ハンモックのように使う，包む，赤ちゃんを背負う。カーテン，テーブルクロス，ピクニックマット。細くして片側に拳を作り回せば扇風機！

⑤「cloth」「clothes」ほんの少ししか違わないのに「布」「衣服」という意味になることを知り，布と衣服の関係に目を向けます。

⑥１枚の布を使って衣服を作ってみましょう。考えるポイントをしっかり与えましょう。「だれが」「どんな地域で」「どんなふう

に」「その着方にはどんなよい面があるか」を考えながら実際に布をまとってみましょう。このときカードでポイントをしっかりつかませることが大切です。子どもたちの主体的な活動ができるようサポートしましょう。子どもたちが「工夫」や「知恵」に気づくときです。
⑦グループで考え発表しましょう。発表のときも考えるポイントをしっかり押さえましょう。ユニークな衣服がたくさん考えられることでしょう。
⑧「その着方にはどんなよい面があるか」のところでは，英語表現にふれます。「comfortable（快適）」「protect（守る）」「cool（涼しい／かっこいいの意も）」「convenient（便利）」など。
⑨外国の例などを知っている方がいたら聞きましょう。ミャンマーのロンジーやインドのサリーなど実物や写真などで子どもたちに知らせましょう（アニメーターが身に付けて現れると子どもたちも大喜びになること請け合い！）。１枚の布が衣服として実際に使われていることに驚くかもしれません。このときも目的（快適さ，便利さなど）がどの衣服にも共通することにも気づかせたいです。
⑩自分の着ている衣服についても振り返ることができるといいですね。
《いろいろな服装をみてみよう》
⑪衣服に関するカードゲームをします。布を巻きつけたり布で覆ったりしているいろいろな服装のカードと服装説明のカードを合わせていきます（インドネシアの男の人の服装，タイのお坊さんの服装，民族衣装など）。
⑫いろいろな国の服装は，目的（快適さ，便利さなど）に応じて作られていることに気づくでしょう。
⑬ここでもう一度，布に目を向けさせましょう。いろいろな布に触れたときのやわらかい，かたい，目が粗い，細かい……などの

手触り，肌触りと目的（快適さ，便利さなど）が呼応していることに気づくはずです。
⑭では，自分が身に付けている衣服は？　目的（快適さ，便利さなど）に応じて身に付けているでしょうか。自分が衣服を選ぶときにはどんなことを考えて決めているのかな？　大きさ？　色？　デザイン？　値段？　素材？　話し合ってみましょう。
⑮１枚の布から国際理解，そして消費者教育まで。

参考文献：吉村峰子・グローブ・インターナショナル・ティーチャーズ・サークル編著『英語で国際理解教育』小学校５・６年版，小学館

（根岸由美子）

三行詩であそぼう！

空から
おくりもの
（河野久美子）

あんまり
とんがるな
（古井進）

ながすぎる
（ルナール）

ふろあがり
（まどみちお）

タイトルは何？

◆授業の流れ

①タイトルは，なに？

まず，まどみちおさんやアニメーター自身の作品でウオーミング・アップ。みんなでワイワイ，タイトルをあてていきます。5つくらい終ったころには子どもたちもムズムズ書きたくなってきます。隣のクラスのだれかの作品なんて入っていたら，もうたいへん。

②作ってみよう!!

さあ，いよいよ自分の作品です。約束は3つ。

(1)タイトルと同じことばは本文に入れない　(2)本文は3行まで　(3)カットを入れる。

150枚用意したカードが，あっという間に子どもたちの手元に渡り，20分もすると一生懸命カットを入れています。作文の苦手な男の子が楽しそうに3枚もかいていたり，長い詩のときには困っていた子もうれしそうに持ってきます。自分のことばで自由に書く楽しさが教室に広がります。

③みんなでワイワイあてっこクイズ

子どもたちがひととおり書き終わったら，カードを集めます。1枚ずつ読み上げながら，タイトルと作者を当てていきます。子どもらしいことばや違った見方が出てきて，盛り上がることうけあい。ひと工夫のためには，(1)グループで競う，(2)タイトルと名前は裏に入れて，本文だけ見せるなど，子どもの様子にあわせて工夫してみてください。

④今日のおすすめは，どれ？

タイトルを当てていくなかで，子どもたちの反応のよかったカード，アニメーターが気に入ったカードを黒板などに掲示していきます。5～10枚くらいに絞ったら作者に出てきてもらい，それぞれの声で読み上げます。みんなの挙手で，今日のおすすめを決めます。別にアニメーターのおすすめも1，2点選んで紹介。

カットを完成させる時間をとり，自分のお気に入りを1番上にして全員分を掲示します。たのしい教室掲示ができ上がります。

(冒頭カードのタイトルは，左から，にんじん，へび，えんぴつ，雪)

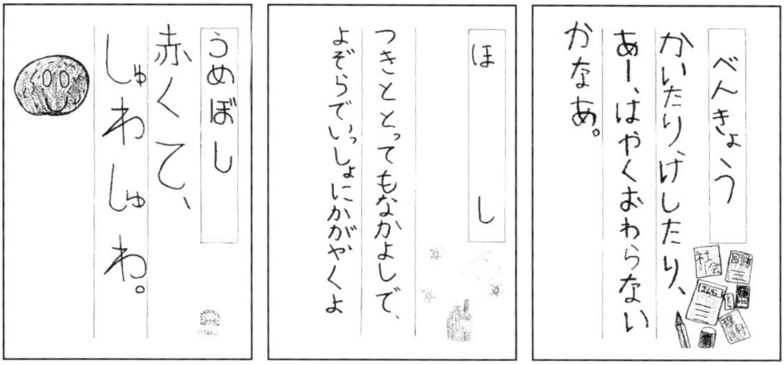

(千寿常東小学校・児童作品)

(河野久美子)

ジャガイモは何語で夢をみる？

世界には，文字を持つ強くて大きなことば（例えばニホンゴやエイゴ）と，文字のない静かな小さいことば（例えばハワイイ語，風のことば，木のことば，赤ちゃんのことば）があります。

本当のバイリンガルとは日本語と英語を等分に操ることや北京語とフランス語で夢をみることではなく，「大きなことば」と「小さいことば」の両方でメッセージを受けとめたり返したりできることだと思います。

身近なジャガイモの伝播ルートに思いを馳せながら，世界史の流れと自分の今の生活とのつながりを感じる。サトイモ，ヤマノイモへと連想を広げ，モンスーンの吹く土地に根づいたイモ文化を感じる。

イモのことばを通して，ニホンゴの知識ではなく時空を飛び超えるような知恵と出会うきっかけになれば，という願いをクイズの解説に込めました。

◈準備

①ジャガイモひと袋。ちょっと珍しい品種が手に入ると楽しさ倍増。できればサトイモ・自然薯・紫芋なども用意しましょう。

②ジャガイモが夢をみる言語リスト：わたしたちは育ったことば

で夢をみます。ジャガイモの夢にも生まれ故郷アンデスのことばをはじめ，伝播に関わったヨーロッパやアジアのことばが登場する筈，という発想です。模造紙などを切ってつないだ横長の紙に言語名をずらりと並べ，巻物をつくってみましょう（写真参照)。

タイーノ語　アイマラ語　ケチュア語　ポルトガル語　スペイン語　オランダ語　ジャワ語　アイヌ語　アイルランド語　英語　土佐語

(注：これはアンデスから日本への伝播に着目したリストです)
③ホワイト・ボード（A 4 サイズ程度)。「本物」のクイズ番組の気分が出て，イモイモ・クイズが盛り上がります。

イモイモクイズ Part I

「いろんなことばで夢をみる友だちがいます」と言いながらジャガイモを登場させます。
「何語で夢をみるかというと……」巻物をくるくる解いていきます。
タイーノ語やアイマラ語など知らないことばに始まって，なかなか終わらないリストに「まだ，あるの？」と，みんなびっくり。
リスト（巻物）のことばのイメージを広げましょう。どこで使われていることばかな？（大西洋中心の世界地図があると便利)。
どうしてジャガイモは，こんなにたくさんのことばで夢をみるんだろう？「ジャガイモの生まれ故郷だから？」「ジャガイモを運んだ人のことばだから？」世界地図をたどりながらジャガイモの来た道を考えてみよう。夢リストのことばもヒントになるよ。
用意したジャガイモを配り，その祖先がアンデス生まれであることを紹介。日本へは，北回りと南回りのルートがありました。
《伝播ルートその１》「ジャガイモといえば，やっぱり北海道」

アンデス[*]⟶スペイン・ポルトガル⟶イギリス[**]⟶北海道

＊南北アメリカには数百種のイモがあったが，世界に広がったジャガイモはチチカカ湖のそばで採れた品種というのが定説。

＊＊ 1908 年に高知出身の川田龍吉（男爵）がイギリスのサットン商会から何種類かのジャガイモを輸入し北海道で栽培。この中に，あの「男爵」のもととなった品種がありました。

《伝播ルートその 2》「どうしてジャガイモという名前なんだろう？」

アンデス⟶スペイン・ポルトガルなど⟶オランダ⟶ジャガタラ/ジャカトラ[*]⟶平戸

＊ 17 世紀のはじめ，ジャワ島はこう呼ばれていました。

イモイモクイズ　PartII

ここから先は，グループ対抗。Yes/no や番号のみの答えは 1 点，なるほど説明がつくと 2 点，想像力たっぷりのお話にはボーナス・ポイント（最高 3 点！）。

【質問】

1　ジャガイモには生で食べられるものと食べられないものがある。ほんとかウソか。

2　ジャガイモを収穫するのは（　）月。

3　次のうちジャガイモから作れないものは，どれ？
⑴お菓子　⑵お酒　⑶アクセサリー　⑷器

4　ジャガイモの花は何色？

5　ジャガイモの花が咲いたあとは，どうなるでしょう？

6　次のうち，ジャガイモの（種類の）名前でないのは，どれ？
⑴ジャガキッズ　⑵マチルダ　⑶さやか　⑷ムサマル　⑸オーロラ

7　世界のあちこちではジャガイモのことを次のように呼びます。この中でジャガイモ以外を指すのは？

(1)ケンタンぐ　(2)ポム・ドゥ・ティる　(3)バタァタ　(4)カむツァ　(5)ウビ　アル

8　日本でもジャガイモにはいろんな呼び名があります。次の中でジャガイモ以外を指すのはどれでしょう？

(1)カピタンイモ　(2)ナシイモ　(3)バレイショ　(4)ニドイモ　(5)ゴショウイモ

9　ジャガイモとサツマイモのうち，先に日本へやって来たのはどっち？

10　ジャガイモがやって来る前からイモを食べていたのは次のうちどこでしょう？（食べていたところでは，どんな風に食べていたのかな？）

(1)フィリピン　(2)ケニア　(3)ハワイ　(4)北海道　(5)イタリア

11　「いも」には，いろんな意味があります。次のうち，どれが本当？

(1)かっこ悪い　(2)食べられる根っこ　(3)恋人　(4)非常食

12　世界には芋が登場するお祭がたくさんあるよ。調べてみてね。

【解答と解説】

1　もともとジャガイモは生で食べられませんでしたが，今では千切り・塩もみしてシャキシャキ食べられるものもあります。

2　北海道では春（日中の温度が10℃以上になったら）に植えて夏に収穫。長崎県など暖かくて二毛作が可能なところでは春作は梅雨前に取り入れ，秋作は1～2月に取り入れます。

3　どれも全部できます。ジャガイモの花を胸元に飾ったマリー・アントワネット(3)，長野オリンピックで使われたポテトレー(4)の話など。

4　白，いろんな紫（さまざまな皮や実の色に言及するのも一

案）

5　メークインや男爵は花が咲いても実はなりにくいのですが，トマトのような味の果実（ベリー）をつける種類もあります。

6　「ジャガキッズ」はキリンビール社の開発した紫皮種。「マチルダ」はスウェーデン渡りで丸ごと料理に向く。「さやか」は主に業務用で「ムサマル」の名は育成地，北海道中標津町にそびえる無佐岳から。答えは(5)ですが「オーロラ」というジャガイモがあったら食べてみたいと思いませんか？

7　答えは(3)と(5)。「ケンタンぐ（kentang）」はジャワ・マレーのことばで塊茎という意味。「ポム・ドゥ・ティる（pomme de terre）」はフランス語（「大地のリンゴ」の意味），「カむツァ（kamtsa）」は朝鮮語，「アル（alu）」はヒンドゥー語です。ちなみに「バタァタ（batata）」はスペイン語などでサツマイモのこと。ジャガイモはパタァタ（patata）。「ウビ（ubi）」はマレー・フィリピン・インドネシアなどでタロイモを指すことば。日本語の「イモ」と同語源です。

8　答えは(3)ですが，これはちょっとイジワル問題。「カピタンイモ」は江戸時代に長崎でオランダの役人をカピタン（キャプテン）と呼んだことから。「ナシイモ」は，かたちが梨に似ていることから（マンジュイモ（饅頭）というところも）。「ニドイモ」は一年に二度，収穫できることから。そして「ゴショウイモ」は一株から取れる量（５升）から。

さて，今ではジャガイモの異名として使われる「バレイショ」ですが本当はマメ科のホドイモのこと。どうやら中国書籍の読み違えが混乱の原因，とは言え中国でもジャガイモは洋薯（ヤンシュゥ）かバレイショ（馬鈴薯）というのだそうです。ちなみに「ジャガイモ」という呼び名は，もともと関東から中部にかけて使われていました。

9　おそらくサツマイモが一足先。先に広がったのもサツマイモで，江戸時代にはレシピー・ブックも出ていました。

10　答えは(1)と(3)。フィリピンではタロイモ（ウビ）を蒸し焼きにして食べますが，これはモンスーン・アジアのあちこちに共通した食べ方（日本もね)。ハワイでも古くからタロイモを栽培し，ポイという食べ方などをします。また北海道では，イモではありませんがトゥレプ（オオウバユリ）の根を蒸しドーナツ団子のようにして食べてきました。

11　答えは(2)と(3)。遠い昔からモンスーン・アジアでは，まるくてずっしり重くて安心できるものを‘mo’と呼んできました。これと親愛の情を表すo（a）や内在する力を表すi（u）が一緒になったomo，amo，amu（母の意)，imo（いちばん大切な女性—恋人—「妹」と，丸くて大切な「芋」を表す）はモンスーンの吹く生活世界に伝わる大切なことばです。

12　例えば日本の芋名月やアンデスの収穫祭など。ハワイのポイも「ハワイの魂」としてお祭に欠かせません。

◈夢リストのことばについて

タイーノ語，アイマラ語，ケチュア語はどれも南米の現ボリビア・ペルー辺りで古くから使われていたことばで文字はない。数百種あるジャガイモのなかで世界に伝播した種を育てていたのがタイーノと呼ばれる人々。アンデスの映像などに登場するサンポーニャという山高帽とマントに身を包んだ人たちはアイマラ。彼らを征服したインカ帝国のことばがケチュア。

参考文献：ベルトルト・ラウファー『ジャガイモ伝播考』博品社／「ジャガイモ博物館」(http://www.bekkoame.ne.jp/~asamak/)

（東野雅子）

リレー物語づくり

たくさん読書をすることで，想像力は大いに育まれていきますが，蓄えたものを表現することで，想像力はより豊かになり，しっかりとしてきます。しかし，一人で物語を作るには，時間もかかり，個人差も出てしまいます。そこで，誰もが，気軽に作れるのが，「リレー物語」です。

◈ねらい

前の場面とうまくつながるように考えながら，想像して物語の一つの場面を作る

◈対象・規模・必要な時間

小学校低学年から／4人一組であれば，何人でも／1人10分くらいから

◈用意するもの

リレー物語用プリント（次の見開きページ参照）と挿入する物語

◈準備

プリントと挿入する物語を用意する。

◈やってみましょう

まずは，子どもたちがよく知っている昔話や民話などから物語を選び，〈一の場面〉に当たる部分を書き写し，〈二の場面〉から，子どもに書かせます。

①〈一の場面〉では，「いつ」「どこで」と「主人公の紹介」を必ず入れる。起承転結の「起」の場面に当たるところ。
②〈二の場面〉からは，子どもが物語を作る。前の場面と話がうまくつながるように考えて作らせる。
③最後の〈五の場面〉は，起承転結の「結」の部分として，物語の結末を書かせる。

◈ワンポイント・アドバイス

①家に子どもがプリントを持ち帰ったとしても，１週間あれば，４人全員が書き終えられます。
②班ノートを書かせるような感じで，あまり細かい訂正はせず，一言コメントを入れてあげれば，より励みになって取り組んでくれるでしょう。
③１回だけでなく，物語を替えて，何回か書かせたほうが，上手になります。物語の流れを考えたり，場面を意識して書いたりすることは自然と身に付いていきます。また，冒険物語，怖いお話は，子どもたちが大好きで，楽しんで作ります。
④前回，〈二の場面〉だった子は，次は〈五の場面〉など，毎回場面が替わるようにします。
⑤リレー物語に慣れてきたら，子どもたちみんなが知らないお話の一部を使って始めてもいいでしょう。さらに，５人一組にして，すべての場面を自由に作らせる。〈二の場面〉〈三の場面〉に物語を挿入するなどしていくと，だんだん難しくなります。

作品

松谷みよ子『さんまいのおふだ』童心社／川崎大治『日本のおばけ話』民話選，童心社

（海保進一）

リレー物語プリント

一人、一場面です。四人一組で作ります。二の場面にうまくつながるように作りましょう。

《作品例1》　　　　　　　　暁星小学校二年生男子五名

	だい名（ふしぎな光るもの）
一の場面	ある日、きつねのごん吉は、学校の帰り道、道ばたでぴかぴか光るへんなものを見つけました。 「なんだこりゃ。」 と、ごん吉は言いました。そっとさわってみると、びりっときました。 （　　　　　　　　）作
二の場面	もう一どさわってみると、もっとびりっときました。 「いてっ。」 　すごくいたかったので、家に帰ってお母さんに話してみても、 「じょうだん言わないの。」 と、あい手にしてくれませんでした。 （　　　　　　　　）作
三の場面	ごん吉は、お母さんがしんじてくれないので、ぴかぴか光るへんなものがあるところにつれていきました。 　しかし、そこには何もなかったのです。 「あれれ、ないぞ。」 と、ごん吉は言いました。 （　　　　　　　　）作
四の場面	夜になって、もう一ど、ぴかぴか光るところに行ってみました。そうしたら、クリスマスツリーのコードが見つかりました。ごん吉は、クリスマスツリーの電気コードにさわってしまったのでした。 （　　　　　　　　）作
五の場面	だから、また、びりびりしました。でも、きれいでした。 　クリスマスツリーには、いっぱいかざりがありました。 「うわあー、きれいだな。」 　もうすぐ、クリスマスなので、サンタさんが、プレゼントをもってきてくれるといいなと思いました。 （　　　　　　　　）作

リレー物語プリント

一人、一場面です。四人一組で作ります。二の場面にうまくつながるように作りましょう。

《作品例2》

暁星小学校二年生男子四名

だい名（八まんさまの石）

一の場面

　むかし、むかし、日ぐれになると、
「おぼさりてえー、おぼさりてえー。」
と、よぶ、ばけもんがおった。そのばけもんは、八まんさまの、おくのいんにある、高い高い杉の木のてっぺんにすんでおった。それで、木の下を通るもんがおると、するするっとおりてきて、おぼさりてえーと言って、おいかけてくる。
（川崎大治『日本のおばけ話』民話選　童心社より）

二の場面

　ある日、これを知らないじいさまが、その前を通ったのさ。すると、
「おぼさりてえー、おぼさりてえー。」
と、聞こえてきたとさ。じいさまは、きみわるくなって、その場をうごけなくなったのさ。
（　　　　　　　）作

三の場面

　じいさまは、しばらくしたらねむくてねてしまったとさ。
「ぐうぐうぐうー。ぐうぐうー。」
　よく朝、あまりにさむいので、目をさましてみたら、ばけもんが、はらの上で、
「おぼさりてえー。」
と言いながら、ピョンピョンはねていました。
（　　　　　　　）作

四の場面

　あまりにびっくりして、こしをぬかしそうになってしもうたが、ゆうきを出してはらいのけたとさ。そして、いっしょうけんめいにげたが、じいさまなので足がおそい。おばけが、なかまをよび、またじいさまは、つかまってしもうた。
「ひえー！　かみさま、たすけてくれー。」
とさけんだ。その時、その声を聞いて、八まんさまがあらわれ、じゅもんをとなえたとさ。
「あばらぼごーば、千来おにょおにょ！」（　　　　　　　）作

五の場面

　すると、ピカッと光ったと思ったら、ドッカーンと地面が大きくゆれた。じいさまがゆっくり目をあけて見てみると、杉の木の下にでっかい石があった。
　それから、その石にのっかると、ねがいごとがかなうと言われているとさ。
（　　　　　　　）作

地域の歴史でアニマシオン

左の写真は，何の写真だと思いますか？　ヒントは，
①すぐそばに高知空港があります。②飛行場が作られたのは1941～43年ごろです。これもそのころ作られたものです。
これで，わかったでしょうか。

これは「掩体壕《えんたいごう》」といって，戦時中，米軍の空襲から日本軍の飛行機を守るために作られたものです。戦後，ほとんどは壊したのですが，中には破壊できないものもあり，現在でも7基，私の勤務校のまわりに残っています。今では，農家の物置きとなっています。

では，もう1問。

右の写真に「ふるさと」の歌が刻まれているのは，なぜでしょう？　ヒントは，
① 1941～43年ごろ，飛行場が作られたことと関連があります。
②この石碑がある場所は，「開拓記念広場」と言います。
これは，難しいでしょうね。

戦時中，飛行場が建設された場所には，三島村という村がありました。多くの人々が住み，豊かな田畑が広がり，自然と生き物が豊かな秋田川が流れ，命山（近くを流れる物部川の洪水から逃れ，この山に登って村人が命を救われた）がそびえていたそうです。

ところが，国により強制的に立ち退きを命じられ，飛行場にされてしまったのです。秋田川は埋め立てられ，命山は爆破されてしまったのです。

戦後，土地の何パーセントかは村人のもとへ戻ってきましたが，多くはそのまま高知空港として使ったり，大学の用地にしたりすることになってしまったのです。

それでも，村人は戻されたわずかな土地を元のような田畑にしようと，「開拓組合」を結成して，開墾をします。しかし，いったん飛行場にされていた土地を元に戻すのは，大変だったそうです。

数十年後，その開拓組合が使命を閉じるにあたって，消されてしまった三島村のことを後世に伝えるために，「開拓記念広場」が作られ，「ふるさと」の石碑が建てられたというわけです。

小学校３年生になると，社会科で「まち探検」が行われます。校区を歩いて特徴的な事物を発見しようというものです。そして，その中から課題を見いだし，調べたり，地域の人々から聞き取りをしたりしていくことになるのです。最近では，総合的な学習の入り口としての活動にもなっています。

「まち探検」の手法として一般的なのは，学級のみんなで歩きながら発見したことを，カードに絵や文で表現するというものでしょう。

それはそれで，３年生は十分楽しみながらするのですが，そこにクイズ的な要素を取り込み，より活性化させようと考えました。

◆準備

カメラ（可能な限りデジタルカメラを各グループに１台ずつ），メモ帳，筆記用具

◆進め方

①グループを作り，各グループが校区のどこを探検するか分担します。

②各グループで分担したところを探検し，写真を撮ります。

また，何の写真かわかるように，メモもとっておきます。よくわからないものについては，その周辺に住んでいる人に聞けるようであれば，聞いてきます。

③学校へ帰った後，グループごとに，写真に撮ったものについて，郷土資料やインターネットなどを使ったり，教職員からアドバイスをもらったりして，くわしく調べます。

④写真について，調べたことをもとに，２，３のヒントをつけたクイズを作ります。

⑤「何の写真か？」というクイズを出し合い，説明し合います。

⑥みんなで現地へ行きたい，もっとくわしい話を聞きたい，調べてみたいというような要求を出させ，学級のみんなで調べていくようにします。

◆ワンポイント・アドバイス

①グループに分れて探検するとき，危険のないように，各グループに大人がついておく必要があります。教職員の手が足りなければ，保護者や地域の人の協力を得るとよいでしょう。地域の史談会のお年寄りは，喜んで協力してくださいます。

②何を写真に撮るかは，子どもの素直な感性を大切にするとともに，地域の歴史や事跡をよく知っている方からのアドバイスを得て，こちらから子どもたちに投げかけることも必要です。

③撮ってきた写真は，クイズに使うために，できるだけ大きくしたいですね。そのためにも，デジタルカメラを使用したほうがい

いのです。
④３年生には，少し難しい部分もあります。内容的には，６年生がちょうどかも。しかし，時間的には，３年生のほうが社会科，総合を使ってたっぷりできます。

◆紙芝居から劇へ発展

冒頭にあげた写真の説明にある「三島村」については，３年生の子どもたちが強い関心をもったので，旧三島村民で，現在校区に住んでいる方に学校へ来ていただき，質問をしたり，お話をうかがいました。

そして，そのお話をもとにして，「消えた三島村」という紙芝居を子どもたちの手で作り上げました。

さらに，この話をもとに，劇を作ろうということになりました。

台本作りで苦労したのですが，現在の子どもたちが，当時の三島村にタイムスリップし，立ち退きに巻き込まれるというストーリーを，子どもたちとともに考えました。また，背景として使う秋田川や命山の大きな絵を描くのにも苦労しました。

そして，２月の学習発表会で，上演したのです。かつて三島村に住んでいた方も観ておられ，涙をぬぐっていたと聞きました。そして，子どもたちには，これからも三島村のことを忘れずにこの地で暮らしていこう，とか，１年間ほんとうに頑張ってきたという思いが生まれたのでした。

（菊池一朗）

日本国憲法で ダウトを探せ！

日本国憲法は物語です。これほどおもしろい「物語」はありません。だって，「人類の多年にわたる成果」でできたお話なのですから。その「お話」も，いろいろな解釈があるようです。解釈だけではどうにも都合が悪く説明がつかないので，変えちゃおうという声も出ています。でも，憲法に書いてある「幸福追求の権利」など保証されていますか？　戦争を放棄して平和を守る，はどうでしょうか。そんな当たり前のことも，「国」として守れなかったりしたら悲しいことです。

憲法は法律です。最高の法律です。誰もが大事にすることを納得してこそ憲法です。まずは憲法に出会ってみましょう。「憲法でアニマシオン」は何度でもできます。だって全部で前文と103条まであるんです。104回はできます。今回の本はなんと英語，日本語，新訳（英文からの訳）という3つのことばで書かれているのです。英訳（「公式」でも，ちょっと変だぞと思うところもある）とその「新訳」。そして，「正文」と呼ばれる旧仮名遣いの本物憲法。ダグラス・ラミス監修『やさしいことばで日本国憲法』を使って，「ダウトを探せ！」。

やってみようダウトをさがせ

◈ねらい

出題者が，日本語正文（日）・英文（英）・日本語新訳（新）の3つのことばで，わざと，文に一つの間違いの単語（「ダウト」）を入れて読み，参加者が「ダウト」を探すのです（日・英・新はそれぞれ，前文から1条ずつ「ダウトをさがせ」をしていきます。これを「基本のダウト」とします。日と英，英と新という組み合わせで，対応させてどちらかが「ダウト」であるという「応用のダウト」もできます)。

◈対象者・参加者・時間

文が難しいから小学校4年生くらいから／何人でも／30分程度

◈用意するもの

あらかじめテキスト文の正文・英・新訳は配布。

◈準備

「ダウト！」を考えた本文。

◈進め方

本を一通り読んだ後に行うゲーム。本を見ないで答えましょう。

①「これからダウトを探せ！」をします。「ダウト」は大声でいいましょう，と言って，練習をします。

②「単語」や語尾の重要なところを1文につき1か所をわざと間違えて読みます。文にはひとつだけ間違いがあるということはお約束です。

③探偵団は，「あっ，ちがう」，と思ったら，大声で「ダウト！」といって手をあげます。列ごとやグループ対抗でかまいません。指名されたグループ・チームの誰かが答えればよいのです。どこがダウトなのか，わけを言ってもらいましょう。

今回の憲法は，文としては手ごわいです。どうしてかというと，なかなか「。」が出てきません。一文が長いので，出題者が「，」で区切る場合もあります。

④それではははじめは，新訳による「ダウト」。前文から行きますよ……「日本のわたしたちは，正しい方法でえらばれた総理大臣を通じ，わたしたちと子孫のために，かたく心に決めました。」（「総理大臣」，が違います。「国会議員」が正解）
⑤英語であればwarとpeaceをわざと間違えて読んだりしましょう。

INTRODUCTION

We, the Japanese people, acting through our duly elected representatives in the National Diet, determined that we shall secure for ourselves and our posterity the fruits of peaceful cooperation with all nations and the blessings of liberty throughout this land, and resolved that never again shall we be visited with the horrors of war through the action of government, do proclaim that sovereign power resides with the people and do firmly establish this Constitution. Government is a sacred trust of the people, the authority for which is derived from the people, the powers of which are exercised by the representatives of the people, and the benefits of which are enjoyed by the people.

This is a universal principle of mankind upon which this Constitution is founded. We reject and revoke all constitutions, laws ordinances, and rescripts in conflict herewith.

⑥続いて英語ですよ（得意でない出題者はやめてよい）。
先に述べたように出てくる単語を入れ替える程度からにしておきましょう。レベルにあわせてはじめは英文を持たせておいてもよいでしょう。
⑦次は正文での「ダウトを探せ」ですよ。

⑧「応用のダウト」では，ゆっくり英語を読んでから，新訳のほうに間違いを入れて読みます。
⑨最後に，「自分語訳」の憲法を書いてみましょう。

◈ワンポイント・アドバイス

やっぱりいつかはこれ，というテキストが日本国憲法です。
①通常の「ダウトを探せ」と同じやり方でかまいません。でもかならず，出題者が声に出して読んで練習をしておくことです。
②チームの作戦も立てさせてよいでしょう。今日は第何章，第何条までと決めてよいでしょう。「子どもの権利条約」でもできます。

◈やってみました

小学 4 年生で，「日本国憲法前文のダウトを探せ！」をした。授業は，「子どもの権利条約」の「ダウトを探せ！」につなげたもの。ことばのダウトだけを探すことだけでは深まりはない。一度は憲法に真正面から触れてみることは重要。憲法こそ「読めばわかる」と，「読み聞かせ，語り聞かせてゆく」「現実を読み解く手がかり」のイメージがある。ちなみにこのときは，大学の憲法の先生も参加していただいた。「ダウト」だけでも，大混乱。正文が格調高く意味が不明。だから楽しめる。英文を読むなら，中学生でもよし，大学生でもよし。英文と新訳も使いながらその内容に踏み込みつつ「ダウトを探せ」をつなぐという構造がよい。日本国憲法とお友だちになるのだ。われわれは憲法のゆりかごの中にいる。最後には自分語で素敵な訳をつけよう！　英・自分語，正文・自分語。

本の紹介（ダグラス・ラミス 監修，解説・池田香代子 訳『やさしいことばで日本国憲法――新訳条文＋英文憲法＋憲法全文』マガジンハウス）
「池田香代子，ダグラス・ラミス」といえばおわかりの方も多いに違いない。『世界がもし 100 人の村だったら』のコンビ。ダグラス・ラミスさんは，フツーのおじさん。この日本国憲法に寄せる思いは伝わってきます。英語の日本国憲法は簡単な英語です。辞書を片手にでもいいですね。でもちゃんと難しいことばには「訳」があります。英語を〈新訳〉にしたほうがずっと生の憲法よりわかりやすいという印象を持つでしょう。日本語正文，英語訳，新訳，そして「自分語」による憲法で，憲法を体に感じられます。

（佐藤広也）

自転車で日本一周
少年のねがいは何？

❶

❷

通路がずれているマンション

1995 年 1 月 17 日早朝。6500 人以上の死者・行方不明者を出す大事件――阪神・淡路大震災が起こりました。

神戸の街を中心に，人々は避難所や仮設住宅での生活を強いられます。その後，「復興」していく街の姿のかげで，神戸の人たちの願いを胸に活動し続けた少年 2 人にスポットをあててみました。

◈ねらい

写真が何を物語っているのか予想し，神戸の少年 2 人が何を願って「自転車で日本一周」を企画したのか，少年たちの想い（願い）に迫らせたい。

◈対象・規模・必要な時間

小学生 4 年生くらいから／数人～40 人までで数人ずつグループを組んで／ 45～60 分程度

◈用意するもの

阪神・淡路大震災のようすを示す写真か新聞／2人の少年の自転車走行の写真（『少年少女新聞』）／『地球が動いた日』『走るんや！』（ともに岸川悦子 作・新日本出版社。『走るんや！』の表紙は写真の代わりにも使える）

❸

マンション1階正面。ひびだらけで地面にめりこんでいる

◈進め方

①❶の写真は，主人公の少年たちが通う学校から，近くのマンションを撮ったものです。写真コピーを配布する。

「何かおかしくないですか？」と写真を見せながら問いかけてみましょう。

「別にふつうのマンションじゃないの……」と，子どもたちの声が返ってくることでしょう。なかにはマンションが少し傾いていると気づく子どももいるのではないでしょうか。

❹

②マンションに近づいて撮った写真❷の左側3分の2程度隠したまま前に貼り出し「残りの部分はどうなっているか想像してみよう」と問い，子どもたちの反応を待ちます。

③「実はこうなっているんだよ。……どうしてこんなことになったのかな」と軽く質問します。

④神戸の街の変わり果てた姿を新聞の写真などで示した後で，「こんな街の中を

リュックを背負った人が歩いています。この人は何をしているのだろう」(写真❹，朝日新聞社「阪神大震災」より）と問いかけ，リュックの背中の貼り紙を隠して提示し，それに何と書いてあるのかグループごとに考え，画用紙に自分たちの考えを書いて発表します。

❺

⑤右の写真❺の下半分を隠し，「神戸の少年たちが東京に来ました。隠れている部分は何だろう」と問い，かれらが何をしようとしているのか考えていきます。

⑥自転車で日本一周するとき，２人の胸にはどんなゼッケンがあったでしょう（ゼッケンづくり)。

◈ワンポイント・アドバイス

震災直後の数カ月。救出作業の一方で，水道・ガス・電気は止まったままです。市民生活の生命線――ライフラインが断たれているのです。被害を受けた人々は，学校の体育館や校庭などでの避難生活に入ります。

震災から２カ月。人々の避難所になっていた学校では卒業式が行われます。なかには，校庭での卒業式というところもありました。

式場から出てくる卒業生を待っていたのは，避難生活をしていた人々。学校で生活を送っていた人々から卒業生に心からの贈り物が手渡されていきます。さて，その贈り物とは何だったと思いますか？

――避難所生活を送っていた人々は，震災で倒壊した自分の家の近くに咲いた花や球根を持って，行き場のない生活を励まし支え続けてくれた子どもたちに“生き続けるもの”を贈ろうと待ちかまえていたのです。

前に書いた2人の少年（兄弟）たちは，人々の避難所や仮設住宅での生活を知ってもらおうと，東京の新聞社やテレビ局に手紙を書いて送ります。そして，人々の生活を救おうと訴え，命の尊さを語り合う旅——自転車日本一周を決意していきます。

作品

この2つの作品は，『ぼくは，ジローです』（愛犬を乗せて被災地募金を50 ccバイクで訴え日本一周）とあわせて阪神・淡路大震災3部作となっている。『地球が動いた日』『走るんや！』では，震災や被災者との交流を通して命の尊さを学んでいく子どもたちの姿が浮き彫りになっていく。モデルとなった少年たちの体験をベースに現地取材をもとにフィクションもまじえて描かれている。

作者・岸川悦子の“命の音聞こえますか”というメッセージが心に届くことだろう。

（田所恭介）

歴史資料で庶民の食べものをアニマシオン

農業生産の増大にともなって商品流通の広がりを見せる鎌倉・室町時代。自治による“新しい村”もつくられていきます。そうした歴史の発展のなかで，一部の支配者のみが享受したものが庶民のくらしの中に入ってきます。ここでは“鍛冶屋や農民の食事”にスポットをあてて中世――鎌倉・室町期の人々のくらしを探っていきます。

◈ねらい

絵画資料から鍛冶屋や農民の食事を予想し，“食”を通してくらしの変化・特徴を捉えさせたい。

◈対象・規模・必要な時間

小学校高学年（できれば6年生）以上／20〜40人までで5〜6人のグループ組んで／45〜60分程度

◈用意するもの

西村繁男『絵で見る日本の歴史』福音館書店／『社会科資料集6年』日本標準／『小学校社会科最新写真資料 日本の歴史と世界 6年』日本書籍／『小学社会6上』教育出版／『日本史の大疑問 4 南北朝・室町時代』ポプラ社／『図解日本の歴史4 絵や資料で調べる』あかね書房。

◈進め方

①資料集に出ている『室町時代の農村のようす』❶を見て，「いつ頃のようすを表しているのだろう。絵図を見て，それぞれ人々は何をしているのかコメントをつけてみよう」と始めます。絵本『絵で見る日本の歴史』28〜29ページ〈14世紀（鎌倉時代——室町時代）〉の絵のほうがいいです。

②新しい農具を見つけてみよう。それはどんな人がつくったのだろう❷。上掲絵本を使う場合には，「農民ではないけれど，毎日忙しく金めぐりのよいのは，どんな人だろう」と，時代に関連づけた問いかけで深めていきます。

③鋤《すき》や鍬《くわ》などをつくる鍛冶屋❸は，武士の刀などもつくったのかな？　という問いも広がってきます。

❶

❷

❸

鍛冶職人の家（出典：喜多院所蔵『職人屏絵屏風』）

「忙しい鍛冶屋さん

や田植えする農民にごちそうが運ばれています。さて，室町時代の職人や農民は，どんなごちそうを食べていたのだろう。次のもののなかから食べていたなと思うものを選んでみよう」

食べものの名称を書いたプリント（絵で表したり，実物展示もおもしろい）をグループに配ります。選択肢として，エビフライ・ハンバーグ・カレーライス・もち・かまぼこ・うどん・つくねなどをあげておくといいでしょう。エビフライなど初めの３つ以外は，食べていたと考えられます。

❹の食事は奈良時代の上級貴族が食べたものです。しかし，室町時代になると，それを鍛冶屋や農民は祝いの食事として食べるようになりました。500 年もたつとこんなにくらしが変化しました。

④当時の台所風景（『酒飯論絵巻』）❺を見せ，「台所用具（器具）の中から“かまぼこ”のような加工食品を生みだすことにつながる道具を見つけよう」と問いかけるか，「台所用具と食べものをつないで解説文を書こう」と展開してみましょう。庶民の調理用具からくらしの変化を読み解くのがカギです。

❹

❺

（出典：『酒飯論絵巻』茶道資料館　京都市三時知恩寺蔵）

資料

『絵で見る日本の歴史』(福音館書店) は，ペリー来航に大騒ぎする人々，大正頃の東京の街のようすと人々の動きなどが楽しく描かれていて，歴史の中での人々のくらしを読み解くのにおもしろいつくりになっている。また巻末には，絵についての解説ページもある。

「鍛冶屋の食事」は，草土千軒遺跡（広島県福山市）から発掘された調理用具（すりばち・包丁・土なべなど）が展示してある広島県立歴史博物館の資料（中世の人々のくらしが食生活からよくわかる）をもとにしたもの。歴史博物館に出かけてみよう。

（田所恭介）

III
学校図書館のアニマシオン

1　学校図書館　ふたつの役割

学校図書館には，学習情報センターとしての役割と読書センターとしての役割があります。

ただ暗記したり記憶したりするだけが学習ではありません。自ら学ぶ学習を保証する場としての学校図書館が必要です。学習情報センターとしての役割については各教科学習や総合的な学習の時間の学習を展開する上で必然的に資料が必要であり，その提供場所でもある学校図書館が重要な役割を持つことは容易に理解されることです。

しかし，学校図書館としては，知識の断片を提供するだけでよいのでしょうか？　知識とは，すべからく生きる上での重要なヒントであり，テストで 100 点を取るための知識だけではないはずです。あらゆる学問は人間の生活から生まれ，生活に還元されるのであり，その意味で知識の提供は生き方にどこかで関わりを持っていなくてはならないはずです。

その意味で学校図書館は，知識がただ単に記憶だけではなく，人間的に生きていく上で大切なことを教えてくれることを伝えなくてはなりません。

読書センターとしての役割も共通するものがあると思われますが，これまでの貸本屋的な学校図書館から，読書のおもしろさを積極的に教え，読み方を体得させる活動を展開する場としての学校図書館にしていかなくてはなりません。

2　読書のナビゲーター　司書教諭

司書教諭の配置が平成 15 年度から実現しました。懸案であった

「人のいる学校図書館」が実現されたわけです。

学校図書館は，学習活動に必要な資料を供給するとともに，読書活動による心の育成を図るための読書材を用意する使命を担っています。このような学校図書館を支える役割を持つのが 2003 年 4 月から配置された司書教諭です。

一方，子どもたちの興味関心は，活字文化よりもビジュアルな映像文化に偏っています。多様な家庭環境から子どもたちは多様化しています。

テレビゲームやインターネットがごく普通に使える環境にあって，調べる際にはそのホームページを見ただけで調べ学習が終わったと思う子どもたちが増えています。そんな子どもたちに活字による調べ学習を見直させるためには，ただ本を紹介するだけでは不十分であるわけです。

本により先人の努力を知り，知識の持つ意味を伝えるために，適切なナビゲーターの存在が必要なのです。

読書へのアニマシオンの活動を支えるのは，まさに学校図書館ですし，その中心となるのは司書教諭です。たとえば，実際に読書へのアニマシオンを実施する際に，必要な図書を用意しなくてはなりませんし，司書教諭の支援は必要不可欠であるわけです。

また，司書教諭自身が図書館の利用についての指導を行い，読書への誘いをしたり学習資料の紹介をすることも重要な仕事です。その際には，これまで行われてきた「読み聞かせ」「ブックトーク」などの手法に加えて「読書へのアニマシオン」による手法を取り入れることにより，より効果的な利用指導や読書指導が実施できるものと考えられます。

司書教諭が配置された後の学校図書館は，ただ本を置いておくだけの場所としての図書館から，子どもたちの多様な活動を生み出し心が躍動する，生きた人と人の交流のある機能としての学校図書館へと変化していくことが求められています。また，ただ扉を開けて子どもたちが来るのを待つだけの受動的な学校図書館ではなく，学校内のすべての子どもたちに図書の活用や読書のおもしろさ・楽しさを広めるべく積極的に働きかける学校図書館であらねばならないでしょう。

現代の子どもたちは，ゲームやビジュアルなものに対する興味が強く，そのような子どもたちに対して有効な手だてを取ることが求められていると言えるでしょう。

3　読書は人を結びつける

読書活動というと，個人的な営みといわれます。ただそれだけでよいのでしょうか。

そこで読書指導について考えてみましょう。読書については1978年10月31日，第21回全国学校図書館研究大会（佐賀大会）で採択された「読書指導アピール」があります。

そこでは，青少年が明るい未来をめざし，希望と勇気をもって自らの道を開拓するよう，日常直接的に働きかけるのは，私たちの喜びであるとともに重要な責務であるとして，「学校図書館にかかわる私たちは，書物をとおして，自覚的に自己を形成していくことこそが，人間回復と未来開拓への強いエネルギーとなることを確信します。私たちは，読書を書物と対峙する直接的な読書行為のみに狭く限定せず，各人の内的要求の喚起，さらに読後の生活をもふくむ自己変革としてとらえ，これを基底にした読書指導を積極的に展開してきました。社会や教育の現代的状況は，まさに，私たちの展開した読書指導のいっそうの振興と定着とを要請しています」と述べています。

さらに「主体的な読書を，個人，集団いずれの領域においても，さらに活発にすすめ，広い視野に立った読書指導の推進を図ることが急務であると考えます」とも述べています。

たしかに，学校図書館では，ただ本のおもしろさを伝えるだけでなく，青少年の心の発達に関わり自己形成を促すことが求められているといえます。それは知識を享受することだけでなく，読書を通じて自己変革を図ることによって教育の現代的状況を打開する大きな役割を担っているといえます。ただ，本を読むことが楽しいというのでなく，本と対峙する中で自己変革を促すようにすることが大切だというわけです。

私たちは，何気なく本を読んでいるのですが，本から生きるエネルギーをもらっているのだと思われます。読書というと，個人的な営みのように見えるのですが，同じ本を読んでいる多くの未知の人たちと世界を共有しているのです。その意味で１冊の本が著者を含めた，多くの人々を結びつけるネットワークにこそ読書の本質があるように思われます。自分の思いは自分一人ではないという気持ちから自分が救われたような気持ちになることもあるはずです。つまり，読書活動は深く人生や生き方にかかわっており，生涯を通じてなされる精神的な運動であるともいえます。読書へのアニマシオンがそのような精神的な価値を生み出すことをねらっていることはいうまでもないことであり，その原点がある限り，読書へのアニマシオンの持つ意味がきわめて重要であることが理解されると思われます。

そのような活動を支えるのが，まず第一に家庭であり，家庭で読書習慣を作り上げることがまずもって大切です。第二に図書館であり，とりわけ学校図書館はその基礎を作る上で重要な位置を占めていると言っても過言ではありません。

4　図書室でのアニマシオン

読書活動にとってアニマシオンとは，学校図書館の利用指導といわれてきた領域で図書館を生涯を通じて活用する生活習慣を確立することにかかわった活動です。

ただ，マナーを教えるだけでなく，生涯を通じて図書を活用しようとする意欲を培うような活動を展開しなくてはなりません。

そのような活動として，学校図書館でおこなういくつかの作戦を紹介しましょう。

「一緒のほうが，うまくいく」《75の作戦中63》

書名，作者名，その本についての短いテクスト（今回は詩の短いフレーズ）という本に関する3つの手がかりをバラバラに与えられた子どもたちが，同じ本の仲間を探して3人組になる遊びです。

この作戦では参加者は前もって本を読んで来る必要はありません。アニマドール（アニメーター）は子どもたちが知っていそうな本（この場合は詩集），調べられそうな本を使います。

低学年であれば，絵本を使うこともできます。絵本の代表的な場面の絵をカードにして配り，その絵が出てくる絵本を探させます。

◈用意するもの

それぞれの本について，次の3種類のカードを用意します。

⑴書名

⑵作者名

⑶その本で書かれている短いテクスト

カードに使う本を図書室の書架に配架しておきます。この場合は次の詩集を用意します。

『永訣の朝　宮沢賢治詩集』

『花をうかべて　新美南吉詩集』

『ことばあそびうた』（谷川俊太郎）

『すずとことりとわたしと』（金子みすず）

『のはらうたII』（くどうなおことのはらのなかまたち）

『くまさん』（まど　みちお）
『てつがくのらいおん』（くどうなおこ）
『さっちゃん』（阪田寛夫）
『ぴかぴかコンパス』（こやま峰子）
『どうぶつはやくちあいうえお』（きしだえりこ）
『ぱいがいっぱい』（和田誠）
などカードに書き出した本

図書室で頻繁に利用されている本から選ぶとよいでしょう。参加者はとくに本を用意する必要はありません。

◈準備すること

3種類のカードに通し番号をふりますが，番号から組み合わせが，わかってしまわないようにばらばらにふります。同じ本の書名，作者名，テクストの番号が，3，15，18 といったぐあいに，この番号を使って正しい答えをメモしておきます。

◈やってみましょう

①アニマドールは，これから，〈書名〉か〈作者名〉か〈その本で書かれていること〉が書かれたカードを1人に1枚ずつ配ることを告げます。そして，同じ本の書名，作者名，テクストがそろうように，カードを見せ合いながら仲間を探し，3人組を作りましょう，と言います。

②カードを配ったら，たがいにたずね合って3人組を作る時間を作ります。その間，必要なら図書室の本を見てもかまいません。

③全員が組になったら，時間を打ち切って全員を集めます。

最初の1組を指名して，書名，作者名，テクストを読み上げてもらいます。うまく組になっていれば黙っています。

間違っている場合はどこかおかしいことを告げますが，答えはまだ言いません。もし間違っていれば，もう一度図書室の本で調べて考え直すように言いますが，最終的にはアニマドールが正解を言います。

④最後に，それぞれのグループごとに，その詩が好きか，どういうところが気に入っているかを自由に話し合います。

ことば遊びの絵本で楽しもう

絵本『へんしんトンネル』のために作った作戦です。絵本のおもしろさを体感させる活動です。

『へんしんトンネル』（あきやまただし 作・絵，金の星社）を使ってことば遊びをします。

『へんしんトンネル』を読み聞かせます。

「ふしぎなトンネルがあります。このトンネルを通ると，なぜかいろんなものがへんしんしてしまうのです。

かっぱはぱっかぱっかと走る馬に，ロボットはぼろぼろになっちゃうし，りえちゃんはえりちゃんに，コラコラと怒った人が通るとラッコになってしまいます。」

ことば遊びが楽しい絵とともに描かれています。変身する法則を知ると，自分でことばを探して，変身遊びをしたくなる絵本です。

◈用意するもの

トンネルを用意します。幼稚園であればプレイルームにあるようなトンネルでいいのですが，段ボールの両側を開きまわりに色模造紙を貼ったものでも十分です。

◈やってみましょう

①『へんしんトンネル』を読み聞かせます。

②アニマドールは，子どもたちにことば遊びをしてみましょう，と呼びかけます。

アニマドールはトンネルを見せます。

「このトンネルをくぐるとことばが変身してしまいます」といって，自らやってみます。

「皆さんもことばの変身遊びをしてみましょう」と呼びかけます。

③トンネルをくぐると別の物になるようなことばを探させます。一人ひとりトンネルをくぐって，ことば遊びをします。どうしても思いつかない場合は，本に出てくることばでもよいことにします。

高学年では，へんしんトンネルの絵を描いた紙を配り，紙に自由に絵とことばを書き入れてみんなで絵本を作る活動も考えられます。

絵本を読むと，子どもたちは創造的な遊びへと発展していきます。そのことにより，自然にことばへの興味を持たせることができます。また，谷川俊太郎 作・五味太郎 絵『こびとのピコ』では，ことばを重ねていく遊びへと発展させることができます。

このように絵本によって楽しい活動がいろいろと考えられます。

この本を好きなわけ，知っていますか《75の作戦中73》

自分が気に入った本を図書室の書架から探してきて，みんなに紹介します。

◈ねらい

自分の読んできた本の中でお薦めの本を紹介しあうことにより，自分の読書について見直します。友だちの本の紹介を聞いて，次から読む本を考えることにより，読書の幅を広げます。

◈用意するもの

とくに用意するものはありませんが，できれば，アニマドールは参加する子どもたちの読書傾向を把握しておくとよいでしょう。

◈やってみましょう

①アニマドールは，図書館を利用していてお気に入りの本を探すように指示します。本はお話の本でなくても科学の本，社会科学の本，図鑑でもなんでもよいことにします。

②子どもたちは自分が気に入った本を書架から探してきます。

探す時間をたっぷりとあげます。早く探せた子には，「その本の気に入ったわけを話してもらいますから，もう一度よく読んでおいてください」と指示します。もし探せない子がいたら，アニマドールは，相談に乗ってあげます。

司書教諭は，あらかじめ担任の先生と協力してその子がどの分野の本がお気に入りかを把握しておくとよいでしょう。

③全員が探せたところで，一人ひとり本を紹介し合います。

発表する方法として，気に入ったところ（ページ）を紹介してそのわけを話します。この本と出会ったときのこと，友だちに勧めたいところなど，視点を提示しておき発表しやすいように援助します。

④全員の発表が終わったら，どの本を読みたくなったかを投票します。

投票の結果をみんなで確認して，誰の選んだ本が一番読みたい本か決定し，「読みたい本チャンピオン」を決めます。

ぼくたちの「花さき山」を作ろう

『花さき山』（斎藤隆介 作・滝平二郎 絵，岩崎書店）を読んで，自分たちも花さき山を作ってみようという作戦です。

◈用意するもの

『花さき山』の本，できれば１人１冊。

◈準備すること

１週間くらい前から『花さき山』を読んでおくように予告しておきます。低学年ではかえって興味が薄くなってしまうので，何も予告しないでおくと本との出会いから新鮮な感動が得られることもあります。

◈やってみましょう

①読み聞かせをします。

②あらすじを確認します（本を見ないで答えるようにします）。

「だれが出てきますか？」

「やまんばは，どんな人ですか？　人を食べてしまうのかな？」
「あやは，どうしてやまんばと出会ったのですか？」
「あやはどんな花を咲かせましたか？」
「ふたごのあかんぼうのおにいちゃんはどんな花を咲かせていましたか？」
「八郎はどんなことをして花を咲かせましたか？」
「三こはどんなことをして花を咲かせましたか？」
というようにあらすじを確認していきます。
③もし自分だったらどんな花を咲かせることができるでしょうか，といってよいことをしたことを考えさせます。子どもたちは，咲かせたい花を発表します。
④子どもたちに花（折り紙で作った花に竹ひごをつけたもの）を配り，花を発泡スチロールを黒く塗った板に刺していき，自分たちの花さき山を作ります。

5　「75の作戦」から考えられるアニマシオンの読書活動

読書の時間というと読み聞かせだけになっていませんか。
読み聞かせがもっとも基本であることには変わりはないのですが，もし，教科の一つとして「読書」という教科を確立するとなると，もっといろいろな活動を展開しなくてはなりません。
たとえば，自由に本を読むだけでなく，ポスターをかいたり，読書郵便や本の帯作りなどで手紙の形で読書の感動を伝える，だけでなく，読書へのアニマシオンのさまざまな作戦を年間計画の中に入れることにより，多様な活動を展開することができます。
そして，それらの活動は教え込むだけでなく，子どもたちの自主的自発的な活動でなくてはなりません。なぜなら，読書とは，精神の内面に関わる活動だからです。
では，そのような読書活動にはどのような内容があるのでしょうか。

M・M・サルトさんの著書『読書へのアニマシオン　75の作戦』(柏書房）には，読書活動としては次のような活動が紹介されています。作戦の番号は『読書へのアニマシオン　75の作戦』の作戦の番号です。(　）内は『読書で遊ぼうアニマシオン』の25の作戦名との対照です。

1　話を聞く

「読みちがえた読み聞かせ」(ダウトをさがせ)《作戦1》

「そして，そのとき…が言いました」《作戦65》

2　注意深く文を読む

「誤植」(変装文をみやぶれ)《作戦13》

「海賊文」(インベーダーをさがせ)《作戦19》

「ファラウテはだれ？」(狂言回しは誰？)《作戦20》

「どれが本当の話？」《作戦32》

3　話の順番を知り，話を自分のことばで再構成する。

「前かな，後ろかな？」(物語バラバラ事件)《作戦12》

「その前に何が起きた？」《作戦35》

4　主人公や登場人物に成りきって物語の世界に浸る。

「ここだよ」《作戦26》

「聴いたとおりにします」《作戦55》

5　主人公や登場人物の気持ちを考える。

「いる？　いない？」(この人いたかな？いなかったかな？)《作戦5》

「これ，だれのもの？」《作戦2》

「だれのことを言ってる？」(そのカードだれのこと)《作戦9》

「どんな人？」(名探偵は私だ)《作戦7》

「これ，君のだよ」《作戦27》

「ここに置くよ」《作戦 38》

「何のために？」《作戦 39》

「だれが，だれと？」《作戦 49》

「どこですか？」《作戦 50》

6　登場人物を批判したり評価したりする。

「彼を弁護します」《作戦 34》

「いいですか，いけませんか？」《作戦 72》

「だれが，だれに，何を？」《作戦 54》

7　物語の組み立てや構成を知る。

「にせもの文」（割り込みはアウト）《作戦 8》

「いつ，どこで？」《作戦 3》

8　大切な文を見極める。

「想像のはさみ」（カット　カット　カット）《作戦 23》

「この文には，意味があります」《作戦 62》

9　物語の場面を構成している周囲の物に関心を持つ。

「何てたくさんのものがあるんでしょう！」《作戦 30》

10　物語のあらすじをまとめる。

「これがあらすじです」（本の植木屋さん）《作戦 18》

「こう始まり，こう終わる」《作戦 33》

「物語ではそう言ってる？」《作戦 36》

11　本から考えたことや感じたことを掘り下げる（感想を深める）。

「合戦」（クイズで決闘だ）《作戦 15》

「チームで遊ぼう」（史上最大のクイズ作戦）《作戦 25》

「どうして？」《作戦 31》

「それ，本当？」《作戦 59》

12　同じような話を集めてその類似点をまとめる。

「一緒のほうが，うまくいく」《作戦 63》

13　読みたい本を選ぶことができる。

「一見して」《作戦 64》

「この本を好きなわけ，知っていますか？」《作戦 73》

14　同じ作者の作品を比べてみる。

「だれが，何を，どのように？」(今日から書評家　えっへん)《作戦 24》

15　話の続きを話してみる。

「物語を語りましょう」《作戦 29》

16　本を読むことのおもしろさを知る。

「本から逃げた」《作戦 28》

「ばかだなあ！」《作戦 60》

17　作者の書きたいテーマを読み取る。

「アングルを変えて」(視点を変えてみたら)《作戦 21》

「発見しました！」《作戦 71》

「考えていることを言います」《作戦 74》

「私はこう考える」《作戦 40》

「これがわたしのつけた書名」(ぼくのタイトル世界一)《作戦 11》

18　物語のいいところや問題点を指摘する（評論する)。

「いいですか，いけませんか？」《作戦 72》

「私なら消さない」《作戦 75》

19　さし絵について興味を持ち，思ったことや感じたことを話す。

「よく見る，見える」《作戦 53》

「だれが…でしょう？」《作戦 37》

20　絵本の絵と文による話の展開について興味を持つ。

「何かの役に立つ？」《作戦 51》

21　詩や短歌による表現のおもしろさを知り，短いことばで表現された内容を知る。

「なぞなぞを言って，説明するよ」《作戦 41》

「わたしの言葉，どこにある？」《作戦 42》

「みんなの記憶」《作戦 43》

「詩人の気持ち」《作戦 44》
「いい詩だなあ！」《作戦 45》
「あなたは，私と一緒に」《作戦 46》
「これが私の絵」《作戦 47》
「吟遊詩人」《作戦 48》
「今度は私の番」《作戦 52》
「詩人の対話」《作戦 56》
「俳句で遊ぼう」《作戦 57》
「みんなで一つの詩を」《作戦 58》
「詩人はこううたう」《作戦 61》
「この詩が好き」《作戦 67》
「詩を持ってきました」《作戦 68》
「言葉が飛んでいった」《作戦 69》

22　音読，微音読，唇読，黙読，の方法を知る。
「つかまえるよ！」（まちがいセンサー）《作戦 10》
「ブルル」（語り芸人コンテスト）《作戦 14》

23　思ったことを自分のことばで表現する。
「本と私」《作戦 6 》

24　本の中にある文章の大切さを知る。
「…と言っています」（本のかけらが語り出す）《作戦 17》

25　物語がことばによって成り立っていることを知り，ことばのもつおもしろさを知り，自らことばを生み出そうとする。
「何を言いたいの？」（おもしろことばあそび）《作戦 4 》
「舌がもつれる」《作戦 66》
「意味は，はっきりしてる？」（ことわざを使った作戦）《作戦 70》

内容的に，もっと整理する必要があるのですが，本を読むということは実にたくさんの意図的な精神活動を必要とするわけです。

読書指導とは，このような指導を段階を追って指導していくことだと言えます。

そのための作戦として「75 の作戦」が考えられているわけです。

これらは，幼児向きのものから高校生向きのものまであるのですが，実践を通してどれが使える作戦か考えていく必要があります。まさに，幼児期に両親による読み聞かせ，保育園や幼稚園での読書活動もこのような読書指導のつながりの中で展開される必要があります。

もちろん，これらの作戦以外にも，本によって楽しい活動が考えられるなら，それも作戦のひとつになるでしょう。これらの作戦はすべて開発中のものですし，日本の風土に合った楽しい活動を展開していくべきだと思います。

漢字やことばを覚えるための繰り返しのドリル学習は必要不可欠ですが，ただ，一方的に教えこむという活動とは区別されなくてはなりません。

それは，子どもたちの成長に伴って，ごく自然に体得していくと考えられているのですが，それら一つひとつを意図的に引き出す指導者の努力が求められているといえるのです。

まさに，その指導過程こそが「読書へのアニマシオン」なのです。

自然に成長することをただ待っているのでなく，意図的に引き出そうとする指導者の活動こそが，まさに「読書へのアニマシオン」であるわけです。

ここで，問題にしなくてはならないことは，書くという活動は組み込まれていないことです。言うまでもなく書くという行為は，それだけでことばから遠ざけてしまうことになるのですが，書くという行為は避けて通れないことでもあります。子どもたちにとって書くことは，読むことより抵抗は強いようです。

書くということは読書にとってどのように必要であるのか，考えていく必要があります。実際には，感想を書いたり，本の帯を作ったり，本の紹介のためのポスターを作ったりする活動は行われているわけです。書くという活動をこれらの読書指導のプログラムにどう組み込むのか，考えていく必要があります。

書くことの喜びや楽しみをどう感じさせるか，工夫しなくてはなりません。

6　必要な本をそろえるために

読書へのアニマシオンを行うためには，１人１冊，グループ１冊，本をそろえることが必要になります。

学校図書館だけでは対応できないことが多くあります。そこで，近隣の学校図書館や公共図書館に呼びかけて，本を集めることが必要となります。図書館同士でのネットワークができている地域ではネットワークを活用するとよいでしょう。

また，読書の題材を選ぶときに集団読書のテキストを選ぶと１冊の単価が安く入手することができます。

集団読書のテキストとしては，次のようなものがあります。

(1)社団法人全国学校図書館協議会から発行されている集団読書テキスト

(2)日本標準社から発行されている『あおぞら文庫』

(3)文溪堂から発行されている『てのひら文庫』

(4)光村教育図書から発行されている『光村こども図書館』

40冊単位で購入しておくと，いつでも利用できます。

7　「読書へのアニマシオン」をいつどのように実施するか

以上のような「読書へのアニマシオン」は，学校図書館での活動と，各教室での教科学習での活動，放課後や地域の読書活動などそれぞれの活動場所によって活動形態は異ならざるをえないでしょう。

学校図書館での活動では，読み聞かせをしたあと，ちょっとしたゲームとして取り入れることができるでしょう。深い読み取りを必要とする場合は，授業として教科の担任の先生と協力して活動を展開する必要があります。

各教科の学習では，学習の動機づけや発展として読書を取り入れたり，調べ学習で本を紹介する場合に使えるであろうと思います。

ただ，「読書へのアニマシオン」を全面的に取り入れるとすると「読書」の時間を週１時間確保し，系統的にこれらの作戦（活動）を継続的に続けることによって，読書を生涯の心のよりどころとする，心豊かな創造的な精神に満ちた人材を育てることになるでしょう。

地域の読書活動としては，学校ではない自由な雰囲気で，よりのびのびと読書活動に親しむことができるでしょう。しかし，継続的に活動するとなると，自由さのゆえに単発的に活動が終わってしまう可能性が多いと言えます。それでも一度でも，そのような読書へのアニマシオンを体験することによって読書への興味を持ち，いろいろな本を読もうとする姿勢を作り上げることは可能だとも思われます。

また，青少年の読書活動として採り入れていくことも可能です。まさに生涯を通じた読書活動を展開できると思われます。

8 「読書へのアニマシオン」と著作者

そのような読書へのアニマシオンを行うに当たって気をつけなくてはならないことは，著作者の願いと共有し合うことです。作者の意図に反する扱いは避けるべきですし，知的所有権を侵害することにもなります。

本の絵や文章を切り取って使うことは，基本的に著作の同一性保持の侵害となりますが，教室など特定の限定された範囲で使う場合，なおかつ，作者の意図を実現するための手だてと考えられるのであれば，許容範囲と言えます。

たとえば，写真集をもとに子どもたちに考えさせようとする場合，写真を二つに切ってつなげて見る場合，そうすることによって写真家（作者）の意図をより深く伝えることができると判断できれば，問題はないでしょう。

ただし，作者によっては強いこだわりを持っている場合もあります（誰でも心血を注いで作り上げた作品ですから，作者であれば当然ともいえますが）。例外も多くあることも承知しておく必要があります。できるなら，著者や出版社に問い合わせてみる場合も必要です。

基本的に特定された人（クラスの子どもや研究会で名簿がある場合）を対象とする場合は，作者が世に公表した以上その読み方は読者に委ねているわけですから，基本的に問題はないのですが，インターネットや雑誌や新聞など不特定多数に公表する際には，著作権の問題は発生します。

そういう場合は，出版社や著作者に確認されたほうがよいと思います。

（渡部康夫）

［作製・佐藤広也］

読書探偵団クイズ大作戦

読書探偵団問題　テキスト名(　　　　　　　　)　　　　月　日

名前

探偵作戦名(　　　　　　　　)

番号	問題	答え	答えのページ
1			
2			
3			
4			
5			
6			
7			
8			
9			
10			
11			

この人いたかないなかったかな探偵クイズ

あなたの読んだ本で、この人いたかないなかったかなクイズを作ってみましょう。おともだちとクイズを出し合いましょう。

本の名前

人物·もの	いた·いない	どこに	ヒント

本の名前

人物·もの	いた·いない	どこに	ヒント

すてきなあなたへおたよりびんせん

本の名前

おてがみをよんでほしい
本のなかのあなたへ

びっくりどっきりどきんのあなた（あいてのかおやもちものなどかこう）

そこで一句

名前

月

日

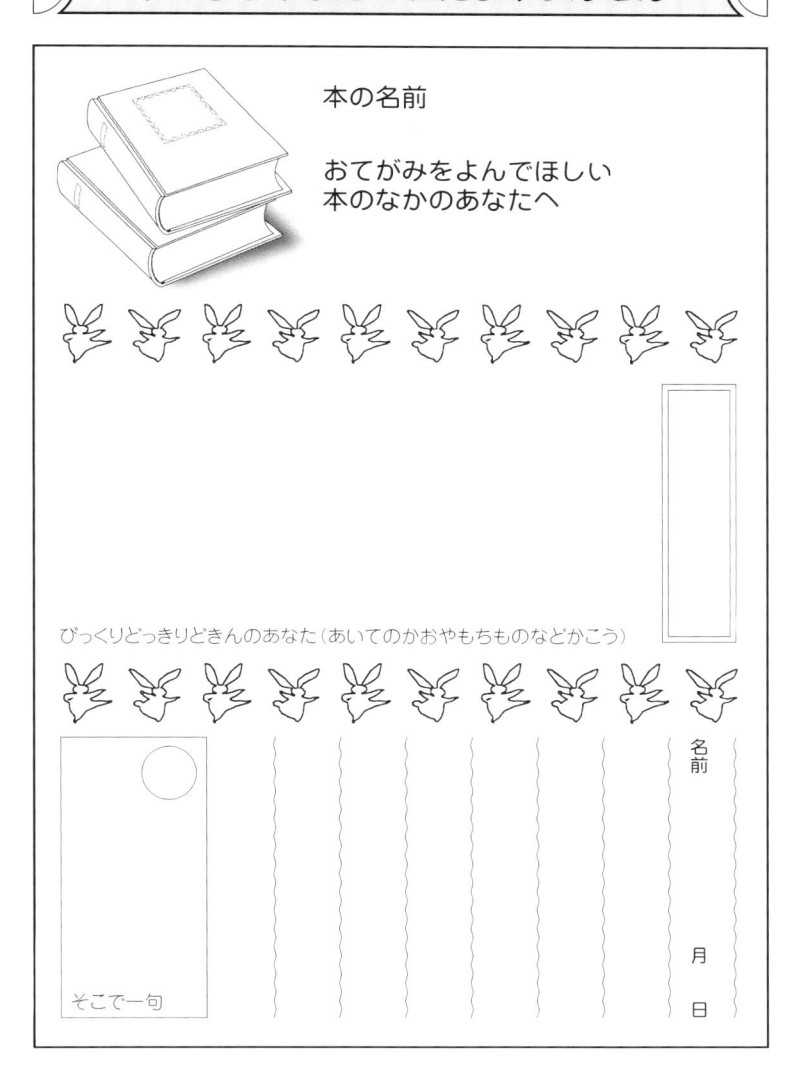

物語カルタ

あなたの読んだ本で俳句カルタを作ってみましょう。

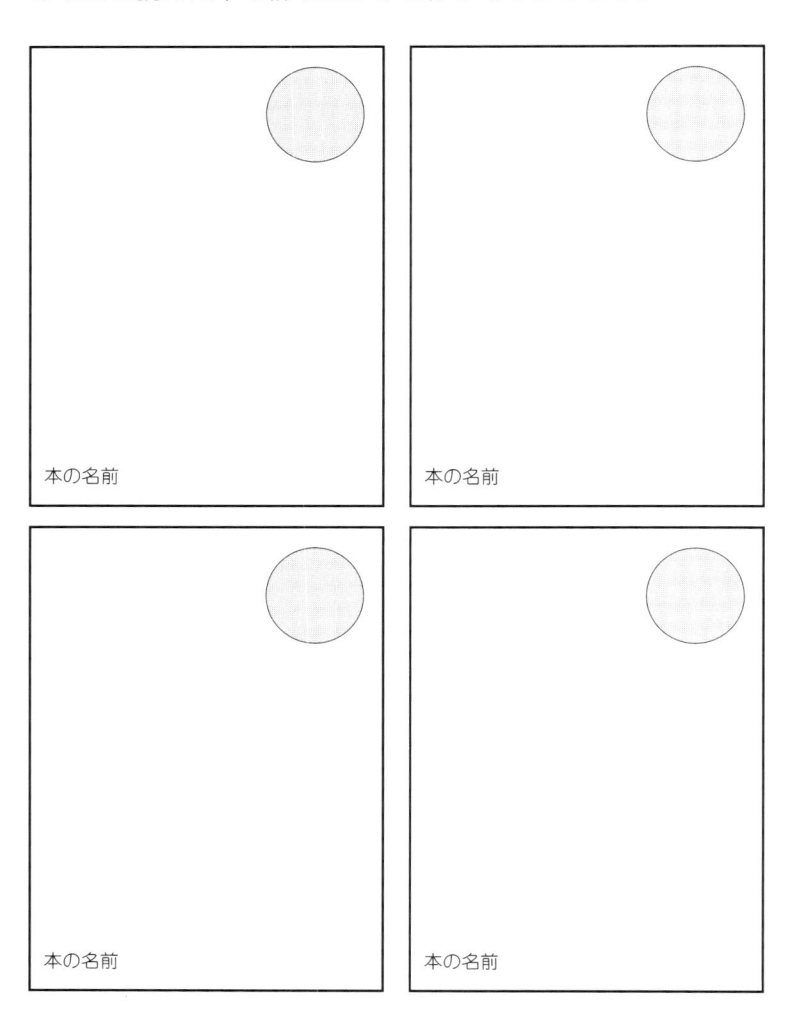

本の名前

本の名前

本の名前

本の名前

本の帯をつくろう

このドキンをみなさんへ　この本のコマーシャルをどうぞ

帯のウラ

こんなところがドキンだよ

背

キラリひとこと

帯のオモテ

おすすめの名セリフ

【執筆者紹介】

（本書執筆当時）

伊藤早苗（いとう・さなえ）◉豊島区立文成小学校。学年親子読書が子どもの本との出会いでした。

伊藤美佐子（いとう・みさこ）◉杉並区立松溪中学校。アニマシオンと出会って4年。まだまだ修行中。

井上桂子（いのうえ・けいこ）◉豊島区立池袋第一小学校。『どの本よもうかな？中学生版』〈日本編〉〈海外編〉（共著，金の星社）。アニマシオンささやか風味オリジナルレシッピは美味しい！

岩辺泰吏（いわなべ・たいじ）◉葛飾区立飯塚小学校。『新版　だいすき国語』（大月書店）『子どもたちに詩をいっぱい』（旬報社）。まなび探偵団アニマシオンクラブ代表。“教師の元気，おとなの笑顔が子どもを変える”を掲げてどこまでも。

大谷清美（おおたに・きよみ）◉足立区立花保中学校。探偵団の仲間の知恵をもらって生きのびているタマゴッチ探偵。

緒方敬司（おがた・たかし）◉練馬区立北町西小学校。子どもたちからは「正義の味方・オガタマン」と呼ばれています。

海保進一（かいほ・しんいち）◉私立暁星小学校。だれでも手軽に楽しくできるアニマシオンを！

笠井英彦（かさい・ひでひこ）◉静岡市立東中学校。『ぼくらは物語探偵団』（柏書房），『憲法で平和を考える』（大月書店）。まなび探偵団アニマシオンクラブ事務局長。

金指孝造（かなざし・こうぞう）◉葛飾区立西小菅小学校。「教育も人生もアニマシオン」をめざしています。

河野久美子（かわの・くみこ）◉足立区立千寿常東小学校。学年を組んだ2人の先生と楽しくアニマシオン中。

菊池一朗（きくち・いちろう）◉南国市立大湊小学校。『ぼくらは物語探偵団』（柏書房）。毎日増え続ける本の整理が悩みの種。「家族でアニマシオン」を実践中。

小山公一（こやま・こういち）◉私立暁星小学校。アニマシオン，絵本，犬と散歩することが大好きです。

佐藤広也（さとう・ひろや）◉札幌市立三角山小学校。『子どもたちはワハハの俳句探偵団』（旬報社）。「長倉洋海さんの写真を見る会・国際ほうそうか探偵団・戦争はいやにゃんだネットワーク」で忙しい，忙しい。

滝脇れい子（たきわき・れいこ）◉豊島区立千早小学校。「学校楽しいなあー！」という1年生の担任。毎日，楽しいエピソードが生まれています。

田所恭介（たどころ・きょうすけ）◉世田谷区立多聞小学校。『ゆかいな社会科』（大月書店）『人物でたどる日本の歴史（全5巻）』（共著，岩崎書店）。都心で社会科・総合の小さな研究会（代表）を開催中。

田邊妙子（たなべ・たえこ）◉板橋区立若木小学校。アニマシオンを子どもたちと一緒に楽しんでいます。

東野雅子（とうの・まさこ）◉フリーランス語学教師（英語・日本語）。散歩と色鉛筆画とズボラフスキー料理が得意。「教えない」レッスンが好き。

根岸由美子（ねぎし・ゆみこ）◉葛飾区立飯塚小学校。アニマシオンを知って子どもたちよりも私が国語の学習が好きになった。楽しくなければ学びじゃない！

原かしこ（はら・かしこ）◉江東区立第二辰巳小学校。アニマシオンに出会い，毎日が楽しくなりました。皆すごーくすてきで面白いファンタジスタたちばかり。

廣畑環（ひろはた・たまき）◉杉並区立和田中学校。教員生活35年目にアニマシオンに出会い，ただいま勉強中。

渡部康夫（わたなべ・やすお）◉川崎市立白旗台小学校。全国学校図書館協議会参事。「子どもの読書」「読書のアニマシオン」ホームページへどうぞ（http://www3.justnet.ne.jp/~wwaattaa/）。

はじめてのアニマシオン　1冊《いつさつ》の本《ほん》が宝島《たからじま》

2003年5月30日　第1刷発行
2014年2月15日　第7刷発行

著者　岩辺泰吏＋まなび探偵団アニマシオンクラブ
発行者　富澤凡子
発行所　柏書房株式会社
〒113-0033　東京都文京区本郷2-15-13
Tel. 03-3830-1891［営業］　03-3830-1894［編集］
郵便振替 00130-2-5234
印刷　亨有堂印刷所
製本　小高製本工業

装幀　なかね ひかり／装画・イラスト　森川未知留

ISBN4-7601-2379-2